人力资本异质性对高新技术企业创新绩效的影响研究

沈亚男　著

中国商务出版社

·北京·

图书在版编目（CIP）数据

人力资本异质性对高新技术企业创新绩效的影响研究 / 沈亚男著. -- 北京 ：中国商务出版社，2025. 2.
ISBN 978-7-5103-5576-9

Ⅰ. F276.44

中国国家版本馆CIP数据核字第2025T3J729号

人力资本异质性对高新技术企业创新绩效的影响研究

RENLI ZIBEN YIZHIXING DUI GAOXIN JISHU QIYE CHUANGXIN JIXIAO DE YINGXIANG YANJIU

沈亚男　著

出版发行：中国商务出版社有限公司
地　　址：北京市东城区安定门外大街东后巷 28 号　　邮编：100710
网　　址：http://www.cctpress.com
联系电话：010-64515150（发行部）　　010-64212247（总编室）
　　　　　010-64243016（事业部）　　010-64248236（印制部）
策划编辑：刘姝辰
责任编辑：韩冰
排　　版：德州华朔广告有限公司
印　　刷：北京明达祥瑞文化传媒有限责任公司
开　　本：710 毫米 ×1000 毫米　 1/16
印　　张：15.25　　　　　　　　　　　字　　数：233 千字
版　　次：2025 年 2 月第 1 版　　　　　印　　次：2025 年 2 月第 1 次印刷
书　　号：ISBN 978-7-5103-5576-9
定　　价：88.00 元

P前言 REFACE

为充分发挥教育、科技人才的基础性和战略性支撑作用，党的二十大报告强调，必须坚持科技是第一生产力、人才是第一资源、创新是第一动力，深入实施创新驱动发展战略。高新技术企业作为国家实施创新驱动发展战略的重要主体，如何通过持续创新获取竞争优势成为企业聚焦的重点。在这种情况下，高新技术企业有效利用所拥有的异质性人力资源为企业提高创新绩效和获取更大竞争优势提供了参考，因此研究人力资本异质性对高新技术企业创新绩效的影响具有重要的现实意义。

其一，开发了企业人力资本异质性的测量量表。首先，基于文献分析，本书对企业人力资本异质性这一核心变量进行了概念界定，首先，通过半结构化访谈和问卷调查获得数据，然后进行归纳分析和实证检验。研究结果发现，企业人力资本异质性包括决策层思维决策能力差异、核心层管理技能差异和基础层任务执行知识差异3个维度。

其二，探究了人力资本异质性通过创新行为影响高新技术企业创新绩效提升的作用机理。本书将外部关系维护能力、内部环境优化、管理效能提升、知识创造和知识转换能力变量纳入研究模型，分别探讨不同层次人力资本异质性对企业创新绩效的影响，如内部环境优化、管理效能提升、知识创造的中介作用，外部关系维护能力、内部环境优化、知识转换能力的调节作用，从而揭示人力资本异质性对企业创新绩效影响的内在机理和边界条件。

其三，从静态效应分析视角采用情境模拟实验和问卷调查交叉验证的方法对人力资本异质性促进高新技术企业创新绩效提升的作用机理进行实证检验。研究结果发现：（1）决策层、核心层和基础层人力资本异质性对高新技术企业创新绩效的提升具有显著的促进作用。（2）内部环境优化、管理效能提升和知识创造在各层次人力资本异质性对企业创新绩效的影响中起中介作用。（3）外部关系维护能力、内部环境优化和知识转换能力在各层次人力资本异质性对企业创新绩效的影响中起调节作用。（4）进一步研究发现，外部关系维护能力调节内部环境优化在决策层人力资本异质性和企业创新绩效之间的中介作用。即外部关系维护能力越强，决策层人力资本异质性对内部环境优化的正向影响程度越强，进而促进企业创新绩效提升。内部环境优化调节管理效能提升在核心层人力资本异质性和企业创新绩效间的中介作用。即内部环境优化水平越高，核心层人力资本异质性对管理效能提升的正向影响程度越强，进而促进企业创新绩效提升。知识转换能力调节知识创造在基础层人力资本异质性和企业创新绩效之间的中介作用。即知识转换能力越强，基础层人力资本异质性对知识创造的正向影响程度越强，进而促进企业创新绩效的提升。最后，基于以上分析与论证提出提升高新技术企业创新绩效的对策与建议，以实现全书问题提出、理论分析、机理研究、实证检验、对策建议的研究逻辑的内在统一。

其四，高新技术企业人力资本异质性测度量表的开发，极大地丰富了现有的人力资本异质性理论。在此基础之上，探索人力资本异质性通过创新行为影响高新技术企业创新绩效的作用机理，得到不同层次的人力资本异质性通过不同创新行为促进高新技术企业创新绩效提升的有意义结论，从人力资源管理活动的行为视角和资源视角，探究人力资源管理活动对高新技术企业创新绩效影响的因素。这为有效提升高新技术企业创新绩效提供了可靠的理论依据，并对不同层次的人力资本异质性及创新行为在高新技术企业创新领域的研究进行了补充。

编者

2024 年 12 月 8 日

目录
CONTENTS

第1章

绪　论

1.1 研究背景

2023年全国科技工作会议明确提出，坚持科技是第一生产力、人才是第一资源、创新是第一动力，通过"三位一体"落实人才强国战略、创新驱动发展战略。在日益变化和竞争激烈的市场环境中，持续不断地创新成为企业保持核心竞争优势的重要方式。党的二十大报告再次强调了创新在国家发展中的重要作用。高新技术企业作为企业创新领域最为活跃的因子，在国家创新战略中承担着越来越重要的作用，是国家创新驱动发展战略实施的重要主体。高新技术企业属于知识、技术密集型企业，是以知识型人力资本为基础，以创新为根本发展动力，依托知识型员工，完成知识的学习、运用、转化、保护，最终产生具有创新性和社会经济价值产品的企业。

2022年《中国科技创新竞争力研究》数据显示，我国创新能力综合排名上升至世界第11位。我国高新技术企业数量达到40万家，数量同比增长了17.5%，研发投入占全国企业的68%。产出方面，拥有有效发明专利151.2万件，占全国企业总量的65.1%。技术合同成交额达4.8万亿元，贡献了80%以上的技术吸纳。虽然高新技术企业创新取得了可喜的成绩，但是仍然存在研发投入与产出缺乏强相关性、自主创新效益不显著、管理水平不高等问题，严重制约高新技术企业的发展。

这迫切需要充分发挥我国人才资源优势，强化人才资源创新驱动引领作用，推动人才资源从量的积累到质的飞跃，充分激发各类人才的创新、创造才能和活力，不断提升高新技术企业核心竞争力。高新技术企业和传统企业最大的区别在于，高新技术企业主要依赖其所拥有的高技术人才在知识的基础上进行智力活动。人力资本是每个人所具有的知识、能力与技能，特别强调能够适应新技术发展的创新性知识、能力和技能，并且强调资本具有复杂的社会性，是有价值的、独特的、不易被模仿或替代的。这就决定了高新技术企业人力资本在发展中处于基础地位及首要地位。人力资本又具有显著的异质性特点。人力资本所掌握的综合能力、知识和技能的差别是提高组织绩效和保持核心竞争优势的关键因素。人力资本异质性对企业创新绩效的影响意义深远，重视并关注人力资本异质性对企业创新绩效的重要影响，深入剖析人力资本异质性对高新技术企业创新绩效的作用机理并提出相应对策，对提升高新技术企业整体创新能力，提高创新效益，增强高新技术整体的核心竞争力，促进高新技术企业稳定、健康、持续地发展具有重要的理论价值和现实意义。

1.2 研究目的和意义

1.2.1 研究目的

本书的研究立足于高新技术企业人力资本异质性，旨在深入探讨人力资本异质性对高新技术企业创新绩效的影响，通过探讨人力资本异质性对高新技术企业创新绩效的影响机理，搭建不同层次人力资本异质性影响高新技术企业创新绩效提升的理论框架，找到人力资本异质性通过创新行为促进高新技术企业创新绩效提升的实现路径。本书的研究目的主要包括以下3个方面。

（1）拓宽企业人力资本研究范畴。现有的对于人力资本异质性的研究，主要从宏观和微观两个层面入手，多采用人口统计学等显性特征差异进行度量。本书充分考虑了高新技术企业的特征，开发了高新技术企业人力资本异质性的测量量表，并将其按照人力资本载体及作用的不同进行分类探讨，为高新技术企业人力资本异质性进一步的实证研究做了工具上的铺垫，弥补了仅从显性特征差异测度人力资本异质性的不足，为高新技术企业人力资本异质性的测量提供了科学合理的方法，拓宽了企业人力资本研究的范畴，有助于企业人力资本异质性研究的深入和发展。

（2）揭示企业人力资本异质性对高新技术企业创新绩效的影响机理和作用过程。学者们围绕人力资本异质性与企业创新绩效之间的关系展开探讨，虽然其相关成果指出两者之间存在相互依存的关系，但高新技术企业人力资本异质性对高新技术企业创新绩效影响的作用机理仍需深入剖析。在分析借鉴资源依赖理论、人力资本理论、信息决策理论、系统管理理论和知识管理理论的基础上，重点解决人力资本异质性对高新技术企业创新绩效的影响过程不明晰的问题，从内部微观的视角审视人力资本异质性与高新技术企业创新绩效的动态关系，从而进一步揭示企业人力资本异质性对高新技术企业创新绩效的影响机理和作用过程，打破了既有研究侧重于外部环节和静态视角的局限。

（3）搭建各层次人力资本异质性通过创新行为促进高新技术企业创新绩效提升的理论框架。各层次人力资本的异质性能够进一步优化高新技术企业内外部创新行为，进而实现高新技术企业创新绩效的提升。在分析过程中，笔者分别确定每个层次的变量，关注人力资源管理活动的行为视角和资源视角，尝试揭开人力资源管理活动影响高新技术企业创新绩效提升的"黑箱"理论的一角；通过实证检验时间跨度的动态长期效应和时间节点的静态效应，为高新技术企业创新发展实践提供理论支撑，从现实层面回答如何利用人力资本异质性促进高新技术企业创新绩效的提升，从而为全方位管理、用好企业人才的战略部署和顶层设计提供客观依据。

1.2.2　研究意义

高新技术企业是国家实施创新驱动发展战略的重要主体。高新技术企业由大做强的过程，本质上是高新技术企业自身创新价值提升的过程。高质量的人力资本是除物质资本外，影响高新技术企业创新价值提升的另一个重要因素，是全面提升高新技术企业创新能力的重要前提和必然要求，更是企业生存和发展的基础。企业动态利用其所拥有的异质性资源的能力是导致创新绩效和竞争优势差异的根源。这对于研究人力资本异质性对高新技术企业创新绩效的影响具有重要的理论和实践意义。

1.2.2.1 理论意义

（1）丰富了人力资本理论。在资源依赖理论、人力资本理论、信息决策理论、系统管理理论和知识管理理论的框架下，本书整合了内部和外部因素，以及中介和调节因素，搭建了分层次高新技术企业人力资本理论分析框架。本书充分考虑了高新技术企业所处的阶段，按照高新技术企业人力资本载体及人力资本作用的不同，将高新技术企业人力资本划分为决策层人力资本、核心层人力资本和基础层人力资本3个层次。决策层侧重考察决策思维能力，核心层侧重考察管理技能，基础层侧重考察任务执行所拥有的创新知识，从而极大地丰富和发展了人力资本理论，拓展了人力资本研究领域。本书对于人力资本异质性的研究从宏观层面拓展到微观企业层面，在科学界定企业人力资本异质性概念的基础上，开发出高新技术企业人力资本异质性测量量表，理论联系实际，使基础理论更加具体化。

（2）完善了人力资本异质性与高新技术企业创新绩效之间的关系研究。本书从创新行为视角探讨了高新技术企业人力资本异质性对高新技术企业创新绩效影响的作用机理，整合了现有理论，考察内外部传导与调节因素，建立了人力资本异质性通过创新行为影响高新技术企业创新绩效的机理分析模型，并采用实验研究和问卷调查研究交叉验证的方法，实证检验时间跨度的动态长期效应和时间节点的静态短期效应，丰富了人力资本异质性的创新驱动作用检验研究。这为高新技术企业创新发展研究提供了重要的科学依据与理论指导，丰富了现有人力资本异质性与高新技术企业创新绩效理论成果。这在一定程度上是对该领域现有研究理论进行的补充，对于高新技术企业有效利用人力资本异质性，促进高新技术创新绩效提升的研究具有重要的理论意义。

1.2.2.2 实践意义

（1）对高新技术企业人力资源要素投入的优化具有重要的指导意义。高新技术企业创新驱动的主体是人力资本，人力资本在企业创新中扮演着越来越重要的角色。本书探讨了高新技术企业各层次人力资本的差异程度，通过影响创新行为促进高新技术企业创新绩效提升的实现路径，为实现高新技术企业人力资本合理配置提供了科学的理论基础和方法指导。这有助于优化高新技术企业人力资本的配置和组合，为提高人力资本投入的科学性、针对性和合理性提供切实的依据。

（2）对提升高新技术企业创新绩效具有重要的实践意义。本书围绕人力资本异质性对高新技术企业创新绩效影响的机理进行了深入分析，发现决策层决策思维能力的差异性通过内部环境的优化，来促进高新技术企业管理创新绩效的提升，核心层管理技能的差异性通过管理效能的提升，来促进高新技术企业管理创新绩效的提升，基础层任务执行知识的差异性通过知识创造，促进高新技术企业技术创新绩效的提升。这些研究结论有助于推动企业从人力资本差异性的视角，做出科学合理的创新战略决策，从而提升企业创新绩效。将理论联系实际，增加了预测性分析，为对策与建议的提出奠定基础，从而进一步推动高新技术企业创新发展。这对国家实施人才强国战略、创新驱动发展战略具有重要的推动作用。探讨了人力资本异质性对高新技术企业创新绩效影响的机理，为相关政府部门实施创新发展战略、高新技术企业制定人才政策提供智力支持和决策参考。

1.3 国内外研究现状

1.3.1 人力资本及其异质性

1.3.1.1 人力资本的内涵

人力资本的产生和发展，具有深刻的经济背景和理论意义。随着经济社会不断地发展，自然资本、物质资本和人力资本在市场中的地位以及角色逐渐发生变化,人力资本已成为3类资本中最重要的资本。经济学家威廉·配第 (William Petty)等将投资于人的有用才能的价值当作资本。也就是说,资本是一定价值的存量,具有价值和所有权两个属性。1960年,舒尔茨(Schultz)在当选美国经济学会会长时发表了题为《人力资本投资》的就职演说,首次提出人力资本的概念。他认为,人力资本是相对于自然资本和物质资本而存在的一种资本形态,表现为人所拥有的知识、技能、经验和健康等,并且提出人力资本是教育的结果。教育的结果是获得文化知识或提供工作、管理的能力,并且认为这一资本是可以确定和测量的。在此基础上,他指出人力资本体现为人自身的知识、能力和健康,包括经验、技术与知识等要素。Becker (1987)进一步将其拓展到微观经济角度,将人力资本加入时间维度。他认为,"人力资本不仅意味着才干、知识和技能,还意味着时间、健康和寿命"。20世纪80年代,在西方的"知识经济"背景下,人力资本理论进入了深化和完善阶段。1998年,经济合作与发展组织(OECD)将人力资本定义为每个人所具有的知识、能力与技能,特别强调的是能够适应新技术发展的创新性知识、能力和技能,并且强调人力资本具有复杂的社会性,是有价值的、独特的、不易被模仿或替代的。Harpan 和 Draghici(2014)指出,人力资本是由通用知识和技能定义的,通常通过工作经验和教育积累得到;可以通过个人(人力资源)与组织的相互作用将嵌入个人中的一般人力资本转移到不同行业或经济领域。随着研究的深入,学者们逐渐关注分层次、分区域的人力资本在经济社会发展中所起的作用。

针对企业人力资本的内涵,Huselid 等(1997)指出,企业人力资本的研究属于技术人力资源管理的范畴,指的是员工整体所拥有的知识、技术和能力的整合。Barney 和 Wright(1998)认为高素质的人力资源为企业创造价值。他们把人力资本定义为企业员工所拥有的技能、判断力和智商,并指出建立人力资本和知识管理的能力是组织获得成功的重要因素。Yen(2014)在探讨人力资本对创新绩效的影响过程中指出,人力资本的要素不仅包括知识、技能和能力,还包括领导者的愿景、开放的思想、执行力、模仿性能和多样性功能。我国学者也在此基础上展开了深入的研究，最早提出企业人力资本概念的是清华大学魏杰（2001）教授。他认为，企业人力资本是由企业进行投资而形成的，并将企业人力资本外延为企业创新者，指企业核心技术人员和企业家。陈劲等（2004）指出，企业人力资本是指所有能为企业带来价值创造的人及依附在他们身上的知识、技术、能力、态度和创造力等内容。邓学芬（2012）、刘烨等（2022）认为，企业人力资本是由人力资源经过投资而形成的，并从教育、培训、健康和流动等方面的投资衡量高新技术企业人力资本。

以上关于人力资本内涵的界定概括为如下3类观点：社会视角、个人视角和企业视角。企业的人力资本内涵的主流思想包括两个方面的内容。一是结合宏观社会和微观个体的几个方面，包括企业家、核心技术人员和普通员工所拥有的知识、技术、能力、态度与创造力等。二是从人力资本投资积累途径的视角，从教育、培训、健康和流动等方面进行界定。学者们卓有成效的研究为本书提供了坚实的理论基础。人力资本内涵的界定代表性观点汇总如表1-1所示。

表1-1 人力资本内涵界定的代表性观点

分类视角	学者	代表性观点
社会视角	舒尔茨	人力资本是人所拥有的知识、技能、经验和健康等；提出人力资本是教育的结果
个人视角	Becker	将人力资本加入时间维度，人力资本不仅意味着才干、知识和技能，还意味着人时间、健康和寿命
企业视角	Barney 和 Wright	企业人力资本是企业员工的技能、判断力和智商
	魏杰、陈劲等	企业人力资本是指所有能为企业带来价值创造的人及依附在他们身上的知识、技术、能力、态度和创造力等内容
	邓学芬	企业人力资本是由人力资源经过投资而形成的，从教育、培训、健康和流动等方面的投资衡量高新技术企业人力资本
	刘烨等	员工的受教育程度、健康、培训与流动等

资料来源：作者整理。

1.3.1.2 人力资本的类型

对于人力资本类型划分的研究，学术界尚未形成统一的观点。由于研究目的和研究对象的不同，人力资本划分方法也是多种多样。学者们从不同的角度出发，提出了不同的类型划分方法。

（1）基于人力资本载体特征的划分。根据人力资本载体所拥有的知识层次的高低，将人力资本按照所有者不同分为3类：①最稀缺的创造者所拥有的高级人力资本；②知识层次较高，但创新性较弱、执行程序性管理和程序性技术开发的中级人力资本；③知识层次较低，经过一定培训能从事熟练工作的低级人力资本。新古典经济学家马歇尔把人力资本区分为一般劳动力人力资本和特殊人力资本。张华等（2009）在此基础上又进一步将人力资本分为较高层次的科技型、管理型和生态位人力资本。

（2）基于专用性角度的划分。资本有价值性和所有性两个属性。人力资本专用程度和所创造价值的不同决定了人力资本的不同类型。专用性体现在人会对所在的组织产生依赖，对组织效益产生预期；这也促使人力资本在组织中发挥自身价值。所以说，人力资本的专用性也决定着他的价值性所在。一些专家学者对此展开了深入研究，美国管理学家Laing和Weir（1999）研究企业雇佣模式时，根据人力资本的价值性和专用性，将人力资本划分为高价值高专用性人力资本、高价值低专用性人力资本、低价值高专用性人力资本和低价值低专用性人力资本。李忠民（2000）认为，从广义上看，不同类型的人力资本在同一外在约束条件下对企业的贡献度是存在差异的；从狭义上看，就在于它能给企业带来不同的收益。陈维政（2004）指出，每个劳动者都是人力资本的载体。其按转移成本大小和对企业的依赖程度，将人力资本划分为通用性人力资本、专用性人力资本和准专用性人力资本。

（3）基于人力资本边际贡献率的划分。丁栋虹（1999）将人力资本按照边际报酬变动方向的不同，分为同质型人力资本与异质型人力资本，并对异质型人力资本的价值实现、配置状况和报酬形态进行了细致讨论。杨增雄等

（2005）将人力资本分为4种类型：I型人力资本指职务和贡献率都较低，主要是从事技术含量低、劳动重复性高等工作的人员所拥有的人力资本；Ⅱ型人力资本指职务较高，但贡献率偏低的人员所拥有的人力资本；Ⅲ型人力资本指职务较低，但贡献率较高的人员所拥有的人力资本；Ⅳ型人力资本指职务和贡献率都很高，主要是指高级经营、管理和技术人员所拥有的人力资本。裴政（2020）从高新技术企业生命周期的视角将人力资本分为高管人力资本、员工人力资本和技术人力资本3类。

（4）根据人力资本载体在企业中的能力结构划分。Pennings等（1998）按照人力资本载体在企业中的能力不同，将人力资本分为企业家和雇员两种人力资本。企业家人力资本包括领导能力、创新管理经验和战略决策能力等；雇员人力资本包括员工的一般性知识、技能和健康、研发等方面的能力。李忠民（2009）将个人能力划分为一般能力对应的一般型人力资本、完成特定工作能力对应的技能型人力资本、组织管理能力对应的管理型人力资本和资源配置能力对应的企业家型人力资本。曾建中（2010）按照人力资源所具有的能力和对企业贡献方式的不同，将人力资本划分为一般型人力资本、研发型人力资本、营销型人力资本和经营管理型人力资本4种类型，并构建出企业人力资本分类计量模型。

（5）根据人力资本在企业中所起的作用不同，叶蜀君等（2004）根据劳动职能的分类不同将人力资本分为两种类型：管理型人力资本和技术型人力资本。基于高新技术企业人力资本不同的职能结构及人力资本在企业中作用的不同，同时参照胡萍等（2004）探讨人力资本分类的问题，将人力资本分为决策层人力资本、核心层人力资本、中间层人力资本和基础层人力资本。现将人力资本分类具有代表性的观点整理如下，如表1-2所示。

表1-2　人力资本分类代表性观点

人力资本分类	学者	人力资本划分依据
高级人力资本、中级人力资本、低级人力资本	马歇尔、萨伊、李红霞、席酉民、张志宏等、张华等	基于人力资本所有者特征
通用性人力资本、专用性人力资本	Laing 和 Weir、贝克尔、胡浩志	基于所有性和价值性角度
同质型人力资本与异质型人力资本	丁栋虹、杨增雄等	基于人力资本边际贡献率
企业家人力资本、一般型、技能型和管理型人力资本	Pennings 等、李忠民	基于在企业中不同的能力结构
决策层人力资本、核心层人力资本、中间层和基础层人力资本	胡萍等	基于人力资本在企业中所起的作用不同

资料来源：作者整理。

除以上分类外，还有从人力资本来源、时效性、外溢性等不同视角的分类。总体来说，人力资本分类视角不宜过大，分类的同时应考虑人力资本层次、所处现实意义等。在充分研读人力资本分类相关文献的基础之上，结合高新技术企业人力资本高聚集性、高知识性、高创新性的特点和企业所处的成长阶段，按人力资源不同的职能结构及人力资本在企业中不同的作用，将企业人力资本分为决策层人力资本、核心层人力资本和基础层人力资本。

1.3.1.3 人力资本异质性

马歇尔最早提出异质性。他指出企业家的特殊才能使得企业不同质。熊彼特的创新思想进一步拓展了异质性的思想。人力资本异质性的研究一直是学术界关注的重要问题。随着研究的深入，学者们指出不同层次、不同类型的人力资本具有极强的异质性。异质性不仅凸显在自然资本、人力资本与物质资本之间，不同行业、不同类型的人力资本也存在异质性特征。

针对人力资本异质性，现有研究主要从经济社会发展和企业管理两个层面展开。在经济社会发展层面，学者们通过研究得到：创新驱动的实质是人才驱动，创新系统的复杂性和多层次性也决定了人才资源开发的系统复杂性与多层次性，因此迫切需要从人才的异质性特征出发，多要素、多层次、多结构、多环节、多部门地系统开发人才资源。学者们采用受教育年限法衡量各级人力资本水平，对人力资本的受教育水平进行合理的划分，进行宏观层面人力资本异质性的测度。

在企业管理层面，对于企业人力资本异质性，Jackson 等（1993）指出，异质性是个体间的不同，并把异质性定义为在某些属性上个体表现的不同特点。这些属性不但包括人口统计学方面的特征，还包括一些可以改变的特征，如教育背景、专业技术等。学者们认为，高层管理团队异质性包括社会的异质性和职业的异质性。其中，社会的异质性包括年龄、性别、教育水平；职业的异质性包括职业的异质性背景和任职时间差异。Michel 和 Hambrick（1992）选择任期异质性、职能背景异质性衡量高管团队人力资本异质性。Tihanyi 等（2000）选择年龄异质性、任期异质性、教育专业异质性和职能背景异质性衡量高管团队人力资本异质性。贺远琼和杨文（2010）、王曦若和迟巍（2017）、吴翔（2019）选择年龄异质性、任期异质性、教育背景异质性和职能背景异质性衡量高管团队人力资本异质性。学者们对企业人力资本异质性特征研究变量的选择如表1-3所示。

表1-3　学者们对企业人力资本异质性特征研究变量的选择

学者	选取的特征变量
Jackson	年龄异质性、任期异质性、教育背景异质性和职业背景异质性
Michel 和 Hambrick	任期异质性、职业背景异质性
Tihanyi	年龄异质性、任期异质性、教育专业异质性和职业背景异质性
贺远琼和杨文	年龄异质性、任期异质性、教育背景异质性和职能背景异质性
刘柏和郭书妍	学历水平异质性、海外经历异质性
王敬勇	教育异质性、职业异质性、职能异质性与企业兼任异质性

综上所述，在宏观经济发展层面，国内外研究学者多从受教育年限差异测度宏观层面人力资本异质性，测度指标较为单一；在微观企业层面，研究对象侧重于某一特定人群，多集中在企业家或高管团队，采用人口统计学外部易观察特征进行度量，并未对企业人力资本进行全面细致的分类测度研究。

1.3.2 企业创新绩效

学者们对企业创新绩效的研究主要从企业创新绩效的内涵、企业创新绩效前因分析及测量维度等方面展开。

1.3.2.1 创新的分类

创新的概念源自美国哈佛大学教授熊彼特。他指出创新的本质就是新的组合。新的组合是指新产品的生产、新的生产方式、新的市场、新的原材料供应源、新的产业组织方式或企业重组。创新是企业历久常新、永葆生机与活力的源泉。自熊彼特之后，学者们展开了对创新问题的研究，使得创新理论体系逐步完善。

学者们对创新进行分类阐述，经济学上的创新多指技术创新和制度创新，管理学上的创新理解为技术创新、组织管理创新和知识创新。从管理学角度理解创新，创新具有广泛的含义。Daft（1978）指出，创新更多集中在技术创新和管理创新上，并且管理创新与技术创新两者的协同发展对企业发展极为重要。管理创新是指企业的管理者发起的，与资源配置、任务结构、激励机制等有关，根据企业内外部环境的需要，创新或引进新管理思想、制度、程序、方式和方法，并有效整合企业资源，提高企业效率的创新过程；技术创新是指员工为获得产品的更大价值，对各要素、各环节不断地进行新的构思、新的调整和新的组合的行为及其过程。

1.3.2.2 企业创新绩效的内涵

创新绩效是衡量企业创新成功与否的关键变量之一。狭义方面，企业创新绩效被视为一种产出结果。Hagedoor和Cloodt（2003）把企业创新绩效定义为企业将创新成果引入市场的程度、新产品数、新工艺或新设备的开发等。广义方面，Ernst（2001）、Ari等（2005）、Goodale等（2011）认为，企业创新绩效不仅是一种产出结果，还被视为创新结果产出过程；企业创新绩效包括从创新想法产生到产品制造，再到进入市场的整个新产品产出过程中取得的成果。

1.3.2.3 企业创新绩效前因

林晓玥（2023）通过研究，得到企业创新绩效已经与新产品、新技术、知识管理、外部关系、动态能力等领域建立联系。围绕企业创新绩效前因的探讨，多集中在环境因素、组织因素、人力因素3个方面。

第一，在环境因素层面，学者们研究得到外部环境、政府政策、市场需求和技术进步等外部驱动因素，以及企业家精神、企业吸收能力等内部驱动因素均对高新技术企业创新绩效产生显著影响。

第二，在组织因素层面，Hagedoor和Cloodt（2003）通过建立组织文化与高新技术企业创新绩效之间的关系模型，探讨组织规则对高新技术企业绩效的作用机理。夏晶等（2012）把人力资本价值的衡量要素作为自变量，组织学习、组织创新作为中介变量，企业绩效作为因变量，得到人力资本价值的各要素通过组织学习、组织创新的中介作用，正向影响高新技术企业绩效的结论。

第三，在人力因素层面，Arvanitis等（2013）认为信息技术、工作场所即组织环境和人力资本是创新表现的重要驱动力。Van等（2017）提出，企业内的一般教育水平以及企业的实践，如正规培训，对高新技术企业创新产出具有积极的影响。Assaker等（2020）利用结构方程建模技术，实证得到拥有更高水平的知识、技能水平的企业能够创造更高的企业绩效。郑艳艳等（2020）从内部和外部两种效应开展研究，得到人力资本集聚对高新技术企业创新绩效具有正向影响的有意义结论。

1.3.2.4 企业创新绩效的测量维度

一方面，国外大多数学者往往以专利数量、新产品价值等结果类和过程类指标为主，指出创新绩效要从技术、销售与整体绩效3个方面考虑，并且要考量资源的投入与产出。Bell（2005）从产品创新绩效与工艺创新绩效两个维度探讨企业创新绩效。Ahuja和Katila（2008）将企业的专利数量作为衡量企业创新绩效的重要指标。我国学者吴思华（1997）从产品创新、流程创新、组织创新和策略创新4个维度设计衡量企业创新绩效的指标。李柏洲等（2021）从产品创新绩效与工艺创新绩效两个维度衡量企业创新绩效。

另一方面，学者们从管理创新绩效和技术创新绩效两个方面测量企业创新绩效。技术创新绩效多从工艺创新和产品创新两个方面设计题项。针对管理创新绩效，学者们从不同的切入点提出不同的评价理论和测量模型。归纳起来，主要分为能力和过程两个视角。苏中锋（2014）从能力视角设置6个指标度量管理创新绩效。刘立波（2015）从市场绩效和流程绩效两个方面设计量表测量企业管理创新绩效。已有关于企业创新绩效的研究成果为本书奠定了重要的理论基础。

1.3.2.5 企业创新绩效研究评述

根据对企业创新绩效研究成果的梳理，笔者绘制了企业创新绩效研究评述的整合框架，如图1-1所示。

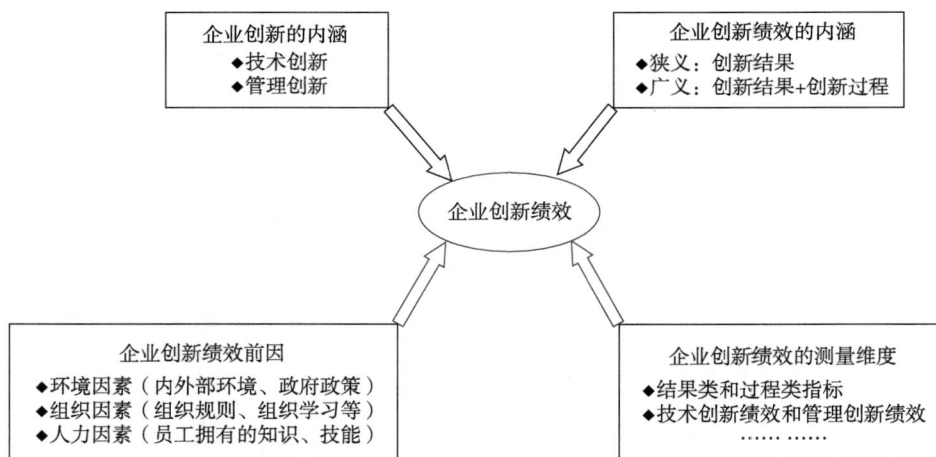

图1-1　企业创新绩效研究评述的整合框架

由以上分析可见，关于企业创新绩效的研究成果颇为丰富，但可以看出，无论是企业创新绩效的内涵、前因因素还是在测量维度方面，尚未形成一致意见。本书从广义的结果和过程视角定义企业创新绩效。从企业创新绩效前因分析中可以看到，研究中学者们已关注到人力资本因素是影响企业创新绩效的重要前因变量，但具体的人力资本是怎样引起企业创新绩效的变化尚未明确企业员工面对同样的生产环境、使用同样的方法和工具，会表现出不同的生产效率，就是员工所拥有的人力资本的差异属性导致的，因此人力资本异质性与企业创新绩效的关系仍需深入探讨。

1.3.3　人力资本异质性对企业创新绩效的影响

通过对人力资本异质性与高新技术企业创新绩效之间关系的相关研究进行梳理，将主要研究成果总结归纳为如下 3 个方面。

1.3.3.1　企业家人力资本异质性对高新技术企业创新绩效的影响

马歇尔较早提出同质性厂商的局限性。他认为企业家是"具有特殊天才的人"。正是企业家的存在，才使企业具有异质性。在此基础之上，熊彼特提出企业家是推动经济增长的人，对经济环境有创造性反应，而且能产生动态性的经济活动。他的有关企业家精神的论断进一步拓展了企业人力资本异质性的思想，在企业创新与价值提升方面起到积极的促进作用。

Toole 和 Czarnitzki（2009）认为，企业家的学历与工作经验是企业的两种重要人力资本，有助于促进企业的成长。Billstr（2018）等学者对企业家人力资本与高新技术企业创新绩效之间的关系达成一致的结论：基于网络理论考虑，政治网络、社交网络与创新网络共享对企业创新产生积极的促进作用。Ahlin 等（2014）论述了在企业家自我效能的调节作用下，自身创造力与企业创新之间的关系。Laguir 和 Besten（2016）通过实证方法验证企业家个人特征对中小企业绩效增长的影响。Li 等（2018）认为，企业家更倾向于具有更强的企业内部控制，能够把握自己的命运，进而影响事物的发展和结果。由此可见，企业家的学历、工作经验、自身创造力、企业外部社交网络、企业内部控制及个人特征的不同都会对企业创新绩效产生不同的影响。我国学者李忠民、赵参（2007）指出，企业家对人力资本的使用权是与生俱来的。兰玉杰、陈晓剑（2002）通过研究提出，企业家人力资本是稀缺资源，并且具有边际报酬递增的异质性特点，是企业家经营才能与创新行为的体现，是推动高新技术企业发展的重要因素。刘小平（2002）和顾建平等（2017）认为，企业家人力资本是具有异质性的。杨增雄（2019）提出企业家呈现多维异质性特征，其整体异质性是企业家精神、企业家能力和企业家活动3部分异质性叠加作用的结果。

1.3.3.2 高管团队人力资本异质性对高新技术企业创新绩效的影响

管理层是企业实际管理者，是直接决策者。这个决策不是传统的个人决策，而是需要建立高效的管理团队，直接参与企业的战略决策和实施。Norburn和Birley（1988）、Priem（1990）、Eisenhardt和Schoonhoven（1990）深入探讨了高管团队异质性对战略决策与高新技术企业创新绩效的影响，得到非常丰富的研究成果。Kor（2003）、Boone等（2004）和Olson等（2006）通过研究发现，高管团队异质性对创业团队绩效的倒U形影响。从高管团队多样性异质性特征来看，顾杰（2015）通过实证得到高层管理团队的年龄差异与企业经济效益波动之间存在负相关关系。学者们对于高管团队教育水平异质性对创新绩效影响的研究成果较多，均得到一致的结论。肖久灵（2006）在研究高管团队组成特征对团队效能的影响时，通过实证得到高管团队的受教育水平异质性对团队决策效率具有显著正向影响。韩庆潇等（2017）在考察高管团队异质性对团队工作效能、战略决策、企业技术创新绩效产生的影响时得到：战略性新兴企业高管团队教育水平异质性始终对创新效率具有正面影响。针对高管团队职能背景异质性对企业创新绩效的影响并未得到一致的结论。杨波（2017）等通过研究发现，高管的职业经验对企业的战略选择具有重大的影响；但是，高管团队职能背景差异程度较大或"多职能背景"会使高管沟通不畅，很难在短时间内对事务达成一致的观点，导致人力资本效率低下，进而不利于企业创新绩效的提升。

关于人力资本异质性对高新技术企业创新绩效的影响，学者们从社会类化理论和信息决策理论两种不同视角进行了解释与分析。

1.3.3.3 人力资本异质性、创新行为与企业创新绩效的相关研究

随着研究的深入，学者们逐渐关注到人力资本、创新行为与企业创新绩效之间的关系。

（1）人力资本异质性与创新行为。吴文华（2011）通过实证，研究不同人口统计学特征通过组织承诺对创新行为产生不同的影响。张镇鸿等（2011）阐述个体人力资本与社会资本通过知识共享的中介作用显著影响其创新行为。刘智强等（2015）运用元分析技术对组织任期与员工创新行为的关系进行实证，研究地位属性和文化差异调节组织任期与员工创新行为之间的关系。从以上文献可以看出，员工人力资本异质性对创新行为产生显著影响。

（2）创新行为与企业创新绩效。Behavior（2015）实证提出管理者的高情商能够促进企业的凝聚力；凝聚力较高的企业创新绩效也会很高。朱兆珍（2021）探讨了高管激励对高新技术企业创新绩效的影响。Skvortsova和Sidelnikova（2020）等学者阐述了智力资本对企业合并与并购、对企业家精神和新产品开发绩效的影响。Crescenzi和Gagliardi（2018）探讨了在外部知识与内部吸收能力的相互作用下，环境异质性对高新技术企业创新绩效的影响。李金生（2020）以知识吸收能力为中介变量，探讨了高新技术企业研发团队沟通行为对高新技术企业创新绩效的影响。李子彪（2019）基于企业吸收能力的中介作用，探讨了国际化行为对高新技术企业创新绩效的影响机理。李柏洲（2021）在知识整合的中介作用下，探讨了知识搜寻与吸收能力的契合度对高新技术企业创新绩效的影响。陈霞（2017）、唐源等（2020）分别从知识型员工创新行为、研发投入和知识整合能力等方面探讨其对高新技术企业创新绩效的影响。刘茜等（2013）基于宏观层环境嵌入、中间层组织嵌入和微观层双边嵌入行为，构建交互作用模型，探求企业嵌入行为对中小企业创新绩效的影响。说明内部行为是影响高新技术企业创新绩效的主要因素。高

照军（2016）利用上市公司数据，实证了网络成员的创新投入通过连锁董事提升了企业创新绩效。在这一过程中，外部市场发展程度负向调节连锁董事与创新绩效之间的关系。李佳宾等（2017）关注知识共享、员工创新行为与高新技术企业创新绩效之间的关系，实证了员工创新行为在员工知识共享对企业创新绩效的影响关系中起到中介作用。李宏贵等（2018）基于任务与制度环境视角，阐述新创企业创新逻辑、创新行为与创新绩效之间的关系，通过实证得到创新逻辑，即通过企业创新行为的中介作用影响创新绩效。在这一过程中，任务与制度环境起到调节作用。由上述文献可以看出，创新行为是影响高新技术企业创新绩效的重要因素。创新行为包括领导者管理手段、创新知识的吸收与整合等，已有研究成果为本书奠定了重要的理论基础。

（3）人力资本异质性、创新行为与企业创新绩效。吴鑫磊（2017）建立了人力资本、社会资本与创新行为及组织绩效的模型，重点分析了个人所拥有的人力资本和社会资本通过个体创新行为这一中介变量对组织绩效产生影响的问题，认为专业经验和教育水平对创新行为和组织绩效都产生正向促进作用。胡凤玲（2014）等以动态资源理论为出发点，采用问卷调查方式获取数据，对人力资本异质性与企业创新绩效的调节作用和中介作用分析。其中，知识创造包括知识共享、知识挖掘和知识溢出机制。其研究结论表明，人力资本异质性通过知识创造的中介作用对高新技术企业创新绩效产生显著的正向影响。而在这一过程中，企业的知识转换起到显著的正向调节作用，同时企业历史和企业规模也是影响企业创新绩效的重要因素。Wang和Sun（2019）指出，企业异质性包括很重要的人力资本异质性，并通过实证探讨，得出吸收能力在企业异质性对技术创新扩散性能的影响中起中介作用。郭东杰（2021）基于研发投入的中介系统，阐述人力资本异质性与企业创新绩效之间的关系。金基瑶等（2021）沿着"因素—行为—绩效"的逻辑主线，阐述环境规制与跨境环境管理通过环境技术创新行为和环境管理创新行为影响环境绩效。从目前的研究成果来看，学者们已经逐步展开对人力资本异质性、创新行为及企业创新绩效的关系研究。但系统地、全面地、分层次地阐述人力资本异质性怎样通过创新行为影响企业创新绩效的关系研究尚未出现。

1.3.3.4　人力资本异质性对企业创新绩效影响研究评述

根据人力资本异质性对企业创新绩效影响研究的梳理，绘制人力资本异质性对企业创新绩效研究评述的整合框架，如图1-2所示。首先，对于人力资本异质性与企业创新绩效之间的关系研究已有较为丰富的研究和探讨，但在研究对象上大多是进行企业家和高管团队异质性的探讨，而缺少系统的、全面的讨论。其次，从不同解释理论下，本书从信息决策理论视角，阐述了人力资本异质性对企业创新绩效的影响，即人力资本异质性可以给企业带来丰富的信息资源、知识资源，从而可以促进企业创新绩效的提升。最后，现有研究已经证实人力资本异质性对创新行为产生重要的影响。创新行为同样是影响企业创新绩效的重要因素。人力资本异质性如何通过创新行为影响企业创新绩效的提升，仍然需要系统地、全面地进行探讨。

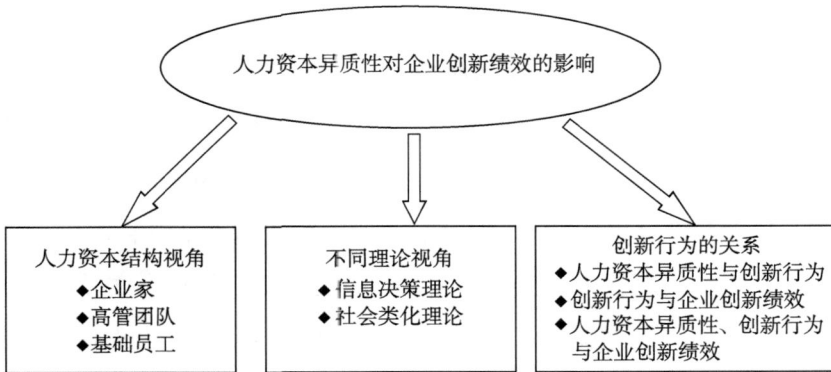

图1-2　人力资本异质性对企业创新绩效研究评述的整合框架

1.3.4　国内外研究现状评述

综上所述，现有文献主要针对人力资本及其异质性、高新技术企业创新绩效以及人力资本异质性对高新技术企业创新绩效的影响关系进行研究与探讨，研究发现，人力资本异质性对高新技术企业创新价值的提升具有重要的作用和影响，研究取得了一些进展，但是现有研究还存在以下不足。

1.3.4.1 异质性成为企业管理研究的新范式

通过梳理国内外学者文献，笔者发现异质性的概念已经从生物学引入社会科学研究领域，并且对异质性理论的运用也更加广泛。异质性的研究经历了从静态到动态、从单一到多元、从整体到个体、从理论研究到实证研究的过程。管理学领域的学者们根据管理学不同的研究主体，赋予了异质性不同的含义，更多的是指人类个体之间、群体与群体之间的差异属性。异质性成为企业管理研究的新范式。

1.3.4.2 企业人力资本异质性测度研究进展

在宏观层面，对于整体人力资本异质性测度，大多从受教育水平测度人力资本，并对人力资本的受教育水平进行合理划分，采用赫芬达尔指数表示整体人力资本异质性。在微观层面，企业人力资本异质性由人口统计学特征的差异构成。对于人口统计学特征的差异，现有研究已从外部易观察特征，如年龄、性别、种族、教育水平和职能背景等显性特征差异扩展到内部深层次特征，如能力、人格、价值观、所拥有的知识等特征差异。

本书的研究对象是高新技术企业，《高新技术企业认定标准（2016）》与2008版本相比，去掉了对科技人员学历（专科以上）的要求。这就意味着，在知识密集和技术密集的经济实体中，受教育程度不再是影响高新技术企业创新能力、提高高新技术企业创新绩效的重要指标。但现有文献结果表明，大多文献采用教育年限法测度人力资本。这是计算人力资本普遍使用的方法，但在实际的研究过程中不应只关注前期受教育的静态宏观人力资本，还应关注动态微观人力资本，包括体现在人身上各项能力所表现的特征。

另外，现有研究对高新技术企业的中观人力资本异质性的测度较少。由于这一问题的提出年限较短，且各研究的情境不同，因而尚未达成一致的研究结论，所以高新技术企业人力资本异质性测量研究亟待细化和补充。并且高新技术企业人力资本异质性的研究对象有遗漏，研究局限在某一特定人群，多采用单一指标或外部易观察指标进行衡量。

1.3.4.3 人力资本异质性对高新技术企业创新绩效的影响研究进展

通过对相关文献的梳理可以看出，异质性的概念在组织绩效管理中是一个常用的分析工具，异质性特点直接影响高新技术企业绩效管理的效度。现有研究仅停留在关注企业家或企业高管团队异质性对高新技术创新绩效的影响上。企业家和高管团队异质性主要集中在社会的异质性与职业的异质性。对于高新技术企业各层次分类人力资本异质性对企业创新绩效影响的研究鲜有所见。

从社会类化理论和信息决策理论两种视角阐述企业家或高管团队异质性对高新技术企业创新绩效的影响，并未得到一致的结论。支持信息决策理论者认为，异质性为团队带来丰富、多样化的信息、知识和经验等，能够激发团队成员对不同看法、不同有价值意见的思考，同时增强了团队成员之间全方位的了解和认识，对高新技术企业创新思维的产生发挥了积极作用。支持社会类化理论的学者认为，异质性让团队成员产生情感、态度和价值观方面的矛盾与冲突，进而影响他们之间有效的交流与沟通，影响团队之间的合作效率，对高新技术企业创新产生消极的影响。在社会类化理论和信息决策理论背景下，人力资本异质性对高新技术企业创新绩效的影响诠释的两种观点，要充分考虑企业所处的时期及环境，在不同时期、不同环境下，企业的战略决策、经济效益发展目标及主要任务均不相同，所以人力资本异质性对创新绩效发挥也不同。本书在充分考虑企业发展阶段的基础上，从信息决策理论视角出发，考察成长期高新技术企业人力资本异质性对企业创新绩效的影响。

学者们在人力资本对创新绩效影响的关系中，逐渐关注创新行为的关键作用。通过梳理创新行为对企业创新绩效影响的相关文献可以看出，创新行为是人力资本影响创新绩效过程中的中介变量。同时，学者们普遍认为外部环境、内部结构和创新行为共同决定企业创新绩效。组织内部创新过程和外部创新活动直接影响企业创新绩效。但学者们对于人力资本异质性对企业创新绩效影响的理论机理分析不够深入，并未深入企业人力资源管理内部，人力资本异质性怎样通过创新行为影响高新技术企业创新绩效的过程分析还需要拓展。

综上所述，人力资本异质性与高新技术企业创新绩效的关系已成为学术界关注的热点话题，但仍有一些问题亟待解决。由此，本书综合运用量表开发、实地调查和情境实验研究、结构方程模型，对高新技术企业人力资本异质性进行测量，对各层次人力资本异质性通过创新行为影响高新技术企业创新绩效的作用机理等内容展开深入探讨，以期从人力资本异质性视角为高新技术企业创新绩效提升提供有益借鉴。

1.4 研究内容与方法

1.4.1 研究内容

笔者沿着"提出问题—分析理论—剖析机理—实证检验—提出建议"的思路展开，针对人力资本异质性对高新技术企业创新绩效的影响机理进行系统研究。本书主要研究内容如下：

（1）一方面，对高新技术企业人力资本异质性的相关概念进行界定，从而确定人力资本异质性对高新技术企业影响分析的主视角。通过对高新技术企业人力资本异质性、高新技术企业创新绩效的相关概念进行梳理与概括，重点区分人力资本异质性与异质型人力资本的概念。不同层次、类型的人力资本具有极强的异质性，进而确定本书的研究对象——人力资本异质性。另一方面，从高新技术企业创新的视角对企业层级结构理论进行系统梳理，并充分考虑高新技术企业所处阶段，按照人力资本载体及人力资本作用的不同，将高新技术企业人力资本结构划分为决策层人力资本、核心层人力资本和基础层人力资本3个层次。在以往人力资本异质性研究的基础上，采用归纳分析和实证检验的方法开发人力资本异质性的量表。

（2）探讨高新技术企业人力资本异质性影响高新技术企业创新绩效的作

用机理。确定人力资本异质性通过创新行为影响高新技术企业创新绩效的分析主视角，分别探讨决策层、核心层及基础层人力资本异质性对高新技术企业创新绩效的影响机理。首先，对于决策层人力资本异质性对高新技术企业创新绩效的影响，引入内部环境优化和外部关系维护能力两个变量，得到决策层人力资本异质性通过内部环境优化的中介作用及外部关系维护能力的调节作用影响高新技术企业创新绩效的结论。其次，探讨核心层人力资本异质性对高新技术企业创新绩效的影响，核心层人力资本异质性通过管理效能提升的中介作用影响高新技术企业创新绩效。核心层管理效能的提升对高新技术企业创新绩效影响的内部环境优化起到调节作用。最后，对于基础层人力资本异质性对高新技术企业创新绩效的影响，则引入知识创造和知识转换能力两个变量，得到基础层人力资本异质性通过知识创造的中介作用及知识转换能力的调节作用影响高新技术企业创新绩效的结论。

（3）分类人力资本异质性对高新技术企业创新绩效影响的实证检验。通过实地问卷调查和情境调查方式获取数据，构建中介调节作用模型，进行企业人力资本异质性对高新技术企业创新绩效影响的实证检验。运用结构方程模型，采用Mplus、Process工具对决策层、核心层及基础层人力资本异质性影响高新技术企业创新绩效提升的主效应、中介效应、调节效应进行实证检验。

（4）根据人力资本异质性对高新技术企业创新绩效影响机理的研究成果，提出对策与建议。首先，基于决策层人力资本异质性，提出选拔具有高学历和丰富职能背景的高层决策者、充分发挥外部关系维护能力的调节作用、加强高层决策者与政府部门的紧密联系、织密外部技术创新网络等提升高新技术企业创新绩效的对策与建议；其次，针对核心层人力资本异质性，提出加强核心管理者人际技能培训、定期进行核心管理者管理能力评估、充分发挥内部环境优化的调节作用等提升高新技术企业创新绩效的对策与建议；最后，针对基础层人力资本异质性，提出提升基层员工知识创造技能、提高创新成果转化能力等提升高新技术企业创新绩效的对策与建议。

1.4.2 研究方法

本书采用扎根理论研究法、量表开发、情境实验法、问卷调查法、结构方程分析法等方法展开研究。

1.4.2.1 扎根理论研究法

根据研究目的和内容，在系统收集资料的基础上，全面地、正确地了解所要研究的问题，形成一个对所要研究内容的正确的、客观的认识方法。本书对人力资本异质性及高新技术企业创新绩效的核心概念进行了系统梳理，总结归纳影响企业创新绩效的内外部因素，探讨企业不同层次人力资本异质性、企业内外部环境优化、知识创造及转换能力对高新技术企业创新绩效的影响。本书的分析路径为人力资本异质性—创新行为优化—高新技术企业创新绩效提升。

1.4.2.2 量表开发

在量表开发阶段的分析中，首先通过半结构化访谈对人力资本异质性的结构维度进行初步了解，进而通过开放式问卷调查获取测量题项；其次通过对问卷调查获取的数据进行因子分析和效度检验，验证高新技术人力资本异质性量表的维度结构。在整理涉及研究变量的测量量表时，根据研究内容的客观需要，对其他已经存在且满足测量需求的研究变量的测量量表进行相应的调整和修正，确定最终问卷。

1.4.2.3 情境实验法

情境实验是研究者向受访者提供精心设计的和接近现实的情境，来评估意图、态度和行为等因变量，从而增强实验的真实性并允许研究者操纵和控制自变量的研究方法。研究者编制出符合研究情境的调查问卷，对选定的企业进行问卷发放。运用统计分析模型包括 T 检验、样本独立性检验、回归分析，实证检验并讨论各层次人力资本异质性对高新技术企业创新绩效的影响路径。

1.4.2.4 问卷调查法

以高新技术企业为例,通过发放问卷的方式获取数据,对人力资本异质性与高新技术企业创新绩效之间的关系进行检验,进一步使用Mplus、Process软件,构建出结构方程模型,对于人力资本异质性对企业创新绩效的影响机理进行作用检验,能够更加准确地、合理地验证理论分析的正确性。

1.4.2.5 结构方程分析法

结构方程模型是社会科学量化研究的重要统计方法。它将传统的多因素分析和回归分析融合在一起,对变量间的因果关系进行辨识、估计和验证。在人力资本异质性、创新行为和企业创新绩效测量过程中含有一些不确定性因素,即存在一定的误差,采用结构方程分析能够容许测量误差存在及构建更加复杂的模型。

第 2 章

理论基础与人力资本异质性的测量

本章围绕"人力资本异质性对高新技术企业创新绩效的影响"这一主题展开，对企业人力资本异质性、企业创新绩效相关基本理论进行梳理；并按照人力资本载体及人力资本作用的不同，将高新技术企业人力资本结构划分为决策层人力资本、核心层人力资本和基础层人力资本3个层次，为后续的分析奠定了理论基础。

2.1　概念界定

2.1.1　高新技术企业

2.1.1.1　高新技术企业的内涵与特征

高新技术是指对一个国家或一个地区的政治、经济和军事等方面产生重大影响的能形成产业聚集的新技术或尖端技术。受历史条件等因素的制约，中国基础技术薄弱，现处于经济转型升级和结构调整的过渡期。随着高新技术的不断发展完善与突破，高新技术企业应运而生。高新技术企业是集知识密集、资金密集、人才密集、技术密集于一体的经济实体，是引领社会进步的重要变革力量，是践行国家创新驱动发展战略的重要实践主体，是促进经济发展与转型升级的重要源动力。

高新技术企业的主要特征可以概括为以下5点。

（1）高技术人才密集性。高新技术企业与传统企业最大的区别在于，高新技术企业依靠技术人才掌握的知识和技能，在知识的基础上，集智慧、知识和技能等要素于一体。高新技术企业人员结构，即从事技术研究和新产品开发、设计的科技人员，占绝大比重。高新技术企业人力资源管理是高智力、高程度异质性的管理，在企业发展中起核心和关键作用。

（2）高创新性。高新技术企业的基本特征之一是高创新性。高新技术企业的知识密集性和技术密集性特点决定了高新技术企业成长与发展的灵魂是创新。技术创新是确保企业核心竞争力的关键因素。高新技术企业产品时效性极强、生命周期短、更新换代快的特点同样要求企业持续进行创新，以满足市场需求，不断将科技创新成果逐渐转化为生产力，提升企业创新绩效。

（3）高投入性。高新技术企业的高投入性主要体现在物质的高投入和人员的高投入两个方面。其中，物质的高投入是保证企业核心竞争力的基础，人员的高投入则是进行技术创新成功的重要保障。一方面，从技术研发、试验到投入市场各个环节都需要保证充足的物质投入。另一方面，高新技术企业从事的活动多为智力活动，决定了在企业人员结构中科技型专业技术人员所占比重较高。他们在企业价值创造过程中发挥着越来越重要的作用，由此更加需要对人力资本增加投入。

（4）高收益与高风险并存。高新技术企业通过内部高强度的技术研发活动和外部关系的大力扶持，迅速掌握科学前沿技术，使得企业在市场竞争中占据绝对优势，进而获得可喜的销售利润和行业的垄断，从而给企业带来较高的收益。然而，收益与风险并存，企业的高风险表现在技术研发风险、市场需求的不确定性、核心人才流失和融资来源的不稳定性等多个方面。尤其是科技人才市场流动性大，竞争激烈，使得企业面临核心人才流失的风险。

（5）高成长性。高新技术企业的重要的特征是高成长性。高新技术企业通过核心技术的创新突破，不断研发、设计、制造满足市场需求的创新产品，凭借高新技术产品的新奇性、独特性、先进性迅速占领市场，进而获得垄断利润，创造巨额效益。沿着这一成长轨迹，众多高新技术企业短短数年便由当初的小企业一跃成为各方面均日臻完善的大企业，并保持着高速成长的势头。

高新技术企业的特性决定了高新技术企业与一般企业的区别主要表现为

如下 3 个指标：①高新技术企业的高新技术产品产值占全部产品产值的比重较大；②高新技术企业获得专利数量比一般企业多；③高新技术企业科技人员占全部员工的比例较大。

2.1.1.2　高新技术企业人力资本结构

（1）企业层级结构。为了实现某个共同目标，两个以上的人一起协调行动的集合体就形成了组织。为了实现共同经济目标，将组织内各成员对企业的贡献发挥到极致，需要设计一个合理的框架来安排各成员的行动。层级组织就是这类框架。层级结构按照分层授权的原则安排组织中的管理活动。其基本构造先由决策层管理人员根据组织目标进行任务分解，然后由其下属直接完成相应的工作。这种层级组织的形成是因为决策层的有效管理幅度有限，组织中各项管理的权力都来自决策层的委托；决策层将工作以及相应的权力委托给核心层的直系下属，核心层和基础层技术员工共同完成组织任务。企业层级结构如图 2-1 所示。

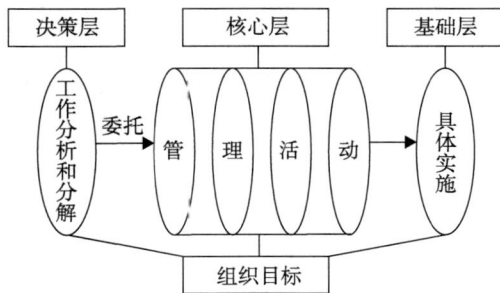

图 2-1　企业层级结构

（2）高新技术企业人力资本结构。借鉴战略人力资源管理的思想（Scott，1999），基于人力资本专用性和价值性特征，学者们展开了人力资本分类的探讨。古典经济学家萨伊将人力资本划分为普通劳工的一般人力资本、专业技术人力资本和企业管理创新型人力资本；李忠民（2000）将人力资本划分为一般技能型人力资本、专业技术型人力资本、管理型人力资本和企业家型人力资本；胡静林（2001）将人力资本区分为一般人力资本、专业技能人力资本、管理型人力资本、研究开发型人力资本和决策型人力资本。

通过对高新技术企业人力资本所有者在企业中扮演的不同角色进行划分，可以将企业人力资源划分为高层决策者、核心管理者和基层员工3类。高层决策者是指企业的高层决策者、管理者，管理全部员工，建立企业的总体目标，并制定实现目标的发展战略，宏观层面统筹制订企业发展远景计划，对企业发展起决定性作用。核心管理者管理和监督操作生产线上的技术员工。Lowe（1992）、Widar等（2021）指出，核心管理者是了解基层问题、员工需求和工作环境等情况的首要角色。基层员工是指具有很强的专业技术技能知识、实际执行研发生产具体任务的一线工作人员。依据企业重心和人力资本所起的不同作用，将高新技术企业人力资本进行分类，如表2-1所示。

表2-1　高新技术企业人力资本的分类

人力资本载体（所有者）	人力资本类型	人力资本作用
高层决策者	决策层人力资本	侧重于企业战略管理创新、决策管理
核心管理者	核心层人力资本	企业管理创新下内部规划、技术研发，对基础层人力资源起指导作用
基层员工	基础层人力资本	参与基层生产和技术操作等，对其他层面决策和管理起执行作用

2.1.1.3 高新技术企业创新绩效

创新是高新技术企业发展的必要条件，也是企业提升市场竞争力，永葆生机与活力的源泉。创新绩效是衡量企业创新成功与否的关键变量之一。通过对已有创新绩效的内涵进行梳理，本书从广义的视角界定高新技术企业创新绩效，包括产出结果的技术创新绩效和产出过程的管理创新绩效。即用新产品开发的成功率、企业所投放的新产品质量、开发和投放新产品的速度、企业向市场投放新产品的数量和种类、新产品销售额、企业申请的专利数量等进行衡量产出结果的技术创新绩效；从市场和流程两个方面考虑，用市场发展环境、发展潜力、人力资源管理和财务管理效率等指标衡量企业产出过程的管理创新绩效。

2.1.2 人力资本异质性

对于人力资本异质性的研究，首先要明确异质型人力资本与人力资本异质性的区别，两者是完全不同的两个概念。本书从企业层面阐述两者的不同。

2.1.2.1 异质型人力资本

丁栋虹（1999）根据人力资本价值的边际报酬变动的生产力属性，提出人力资本可以分为同质型人力资本和异质型人力资本。异质型人力资本是边际报酬递增生产形态的人力资本。拥有异质型人力资本的所有者通常具有特殊的、超常的能力。这种能力可以先天遗传，也可以后天习得，包括冒险精神和敏锐的洞察力、组织协调能力、判断能力和创新能力。

2.1.2.2 异质型人力资本存在异质性特征

异质型人力资本与同质型人力资本本质的不同在于，异质型人力资本价值通过微观经济的新生产函数实现。新生产函数表现为生产要素与生产条件的新组合，实现了宏观经济的非均衡状态，进而实现边际报酬递增生产形态。这里的边际报酬递增，是指在知识依赖型经济中，随着知识与技术要素投入的增加，产出越多，生产者的收益越呈明显递增趋势。

对于普通企业来说，企业是由异质型人力资本主导的组织。拥有异质型人力资本的企业家对企业的发展成败起主导作用。他与技术员工形成了合约关系，而且企业家的数量具有稀缺性，在企业管理中具有不可替代性和高价值性。这就是企业家能力。然而，企业家精神、能力及活动也存在差异，主要体现在创新精神、判断能力和管理活动等方面，具体表现为通过企业家人力资本投资的结果加以实现，即通过教育、培训、经验积累及实践等途径形成。因此，异质型人力资本被认为是企业家所特有的，具有边际报酬递增生产力属性的资本，并与技术员工的同质型人力资本相对应。

对于高新技术企业来说，其本身就是知识依赖型经济体。除企业家以外的员工，也掌握着丰富的知识与技能。其知识与技术要素投入越多，产出就越多，同样越呈现边际报酬递增形态。异质型人力资本作为一种"人"的资本，并不是广泛分配的，而是在不同个体之间会存在很大的差异，表现在人力资本配置类型上的差异，如有人拥有技术资本，有人拥有管理资本；表现在数量上的差异，如有人拥有大量的知识，有人拥有少量的知识等。由此，本书认为，高新技术企业人力资本都是异质型人力资本，异质型人力资本也存在个体特征的差异。

2.1.2.3 人力资本异质性

异质性本是一个生物遗传学的概念，是指生物体的一种遗传性状可以由多个不同的遗传物质改变而引起。经济学、管理学以及社会学意义上的异质性则是指特定群体中个体的特征差异程度。群体中个体差异性越大，异质性越高。舒尔茨最早提出人力资本具有异质性。他认为，劳动者虽然使用相同的生产工具和方法工作，但是工作的效率是不同的，导致创造的社会价值也不同。其原因是人与人所蕴含的人力资本是存在差异的，随着自身掌握的知识、技能和身体素质的改变而改变。Edvinsson等（2000）认为，企业人力资本不仅融合知识、技术、革新和全体员工所掌握的能力，还包括价值观、文化及哲学。Viktor（2023）将企业人力资本异质性表示为其人口统计属性之间的差异程度。沿用前述的两个观点，本书认为，高新技术企业人力资本异质性是指体现高新技术企业人才资源自身价值的个体特征差异，包括外部易观察特征和内部深层次特征。外部易观察特征异质性主要包括年龄、性别、种族、教育水平和职能背景等显性特征差异；内部深层次特征异质性主要包括所拥有的专业知识、技能以及其掌握的信息资源、创新能力等个体特征差异。决策层人力资本异质性是指企业高层决策者自身价值的个体特征差异；核心层人力资本异质性是指企业核心管理者自身价值的个体特征差异；基础层人力资本异质性是指企业基层员工自身价值的个体特征差异。

由上述分析可知，企业层面异质型人力资本与人力资本异质性存在本质区别。对于高新技术企业来说，全体员工都被看成异质型人力资本的拥有者，同时又存在个体特征差异。本书的研究对象是高新技术企业异质型人力资本的异质性。异质型人力资本与人力资本异质性关系诠释如图2-2所示。

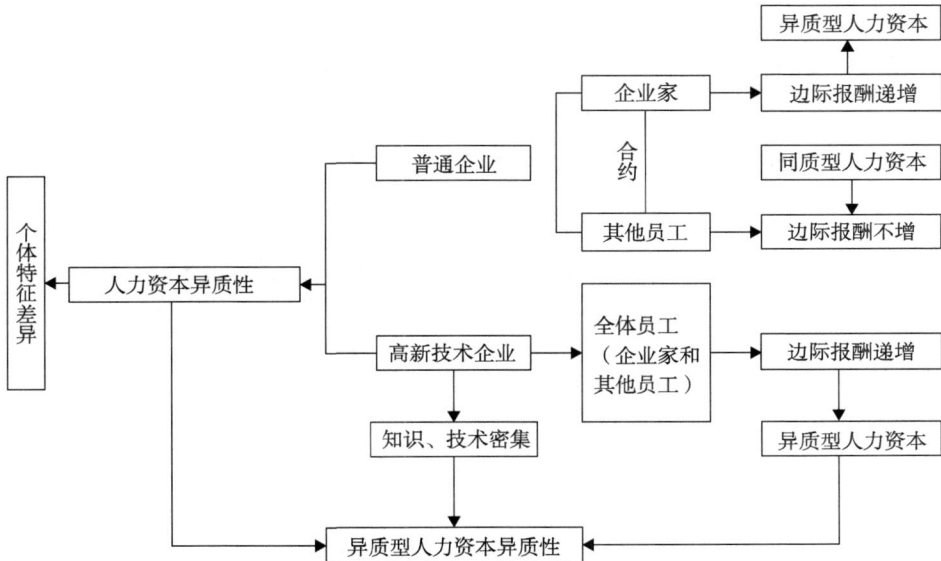

图2-2 异质型人力资本与人力资本异质性关系诠释

2.2 理论基础

2.2.1 资源依赖理论

2.2.1.1 资源依赖理论的内涵与研究视角

资源依赖理论建立在Emerson（1962）社会交换理论的基础上，是对资源基础理论的补充和进一步拓展。企业成长内生论阐述了企业内部资源与能力对企业成长及其业务活动的增长起至关重要的作用。企业成长内生论贯穿企业生命周期的始终。与此同时，企业的成长离不开从外部汲取的大部分资源，也就是说，企业成长所需的资源无法通过自身产生，需要从外部其他组织获取。这就形成了资源依赖。资源依赖理论的核心观点是企业外部资源的供应者塑造并约束了企业内部战略的选择和制定，企业能否保持足够的竞争力将严重依赖于外部资源的供给与可得。这一观点也为权变理论所验证。权变理论认为，企业的内部组织是一个不断与外部环境进行"交互"，从而获得发展机会的开放系统。企业战略、经营策略一定要与外部环境相匹配才能发挥作用，也就是说，企业发展中不可避免的权变变量是环境。这里的"交互"来自 Rivkin（2000）关于复杂相互依存系统的研究。它是指若两个要素相互依赖而存在，就说明这两个要素之间存在交互作用。企业组织的内外部环境就是这样的交互关系，通过交互来获取企业生存的资源。当外部环境发生变化时，组织内部就会采取各种不同的策略与其对应，最终达到适应和选择外部环境的目的，并在此过程中寻求自身的独立与竞争力。

2.2.1.2 资源依赖理论在本书中的应用

一方面，对于高新技术企业而言，企业创新绩效受各种外部环境的影响，在诸多的外部环境中识别关键性的、有价值的、稀缺的、难以复制的、不可替代的资源，并通过所识别的外部资源进行整合、加工和利用来提升企业内部的创新能力。同时，关键性、异质性、稀缺性的资源还会帮助高新技术企业建立差异化的创新优势，使竞争者难以模仿和复制，最终提升企业创新绩效。另一方面，从组织生态学视角来看，组织的进化往往会受组织惯性和资源专一性的限制。随着高新技术企业组织惯性的逐渐增强，高新技术企业会不断积累沉淀成本，并最终形成创新经验。创新经验的累积与丰富为高新技术企业创新行为建立了资源筛选机制，使企业意识到哪些外部资源是对企业创新行为起关键性作用的。高新技术企业通过实质性获取、控制并将这类资源投入企业技术创新活动中，从而大幅提高创新能力水平。

人力资本异质性对高新技术企业创新绩效的影响，依赖外部资源的供给与内部环境的交互。企业所拥有的人力资本的丰富性为企业创新行为进行筛选，企业可以识别有价值的外部资源，通过整合、加工和再利用提高企业内部创新能力，建立差异化的创新优势，提升企业创新绩效。

2.2.2 信息决策理论

2.2.2.1 信息决策理论的内涵

决策理论的代表性人物是赫伯特西蒙。它是将系统理论、运筹学和计算机科学技术综合运用解决管理决策问题的理论。现代决策理论推翻了古典决策理论中决策者是完全理性并掌握决策所需的全部信息的假说。现代决策理论认为，决策者的决策并非完全合理和合乎逻辑，一般会受有限理性的制约，决策过程会受决策者的价值观、知识和技能以及掌握信息的不同的限制。由此，我们说信息是决策的一个重要影响因素。决策者所掌握的信息数量、质量与决策效果的好坏息息相关。由此产生了从信息角度探讨决策问题的理论——信息决策理论。信息决策理论认为，企业组织是一个信息处理系统。管理决策者通过对所掌握的信息进行识别和加工处理来以组织企业的战略决策，也就是说，制定战略决策的过程是有效信息流动和再生的过程。信息在信息源和决策者之间进行"交互"，将新的知识、数据信息、方法传递给决策者；决策者经过信息的加工和整理，生成新的记录，用于指导新的决策工作。

2.2.2.2 信息决策理论在本书中的应用

人力资本异质性对高新技术企业创新绩效的影响分析是建立在信息决策理论基础之上的。人力资本异质性程度越高，高新技术企业可以获得的资源和有价值的信息越多。企业内部成员之间信息资源的交流、交换，可以弥补个体知识和信息的局限性，带来丰富而多元的观点和视角，促进高新技术企业内部知识的学习和提升，帮助企业做出高质量且极具创造性的战略决策，提升企业核心竞争力。

2.2.3 系统管理理论

2.2.3.1 系统管理理论的内涵

系统管理理论是运用系统理论中的方法和原理，对系统内组织结构和模式等管理活动与管理过程进行分析的理论。系统管理理论阐述要点之一：组织即为一个系统，由相互联系和相互依存的要素构成。根据实际研究的需要，可以把系统分解为若干子系统；子系统还可以再分解。系统在一定环境下生存，与环境进行物质、能量和信息的交换，即系统在投入—转换—产出的过程中不断进行自我调节——系统从外部环境获取资源，把资源转换为产出物，一部分产出物被系统自身消耗，另一部分输出到环境中，再进行投入—转换—产出循环的过程，以获取自身的发展。要点之二：管理系统由人、物和环境3个要素组成。在这3个相互关联的要素中，人是主体，其他要素被动地随其发展。要点之三：运用系统观点来考察管理的基本职能，可以提高组织内部整体的效率。

2.2.3.2 系统管理理论在本书中的应用

高新技术企业中决策层、核心层与基础层人力资源相互联系、相互依存，构成一个完整的系统。人力资本异质性对高新技术企业创新绩效的影响实质上进行的是人力资本差异化的投入，转换为不同的创新行为，进而促进高新技术企业创新绩效提升的过程。系统管理理论的重要理论思想为本书的人力资本分类和系统阐述人力资本异质性对高新技术企业创新绩效的影响奠定了坚实的理论基础。

2.2.4 知识管理理论

2.2.4.1 知识管理理论的内涵与观点

20世纪末期，学者们开始了企业中的知识及知识管理的研究。其中对于知识的概念大多是根据数据、信息、知识3个概念间的区别与联系进行界定的。自美国管理学教授德鲁克博士首先提出知识管理的概念以来，国内外学者一般将知识管理看作组织的策略与过程，属于组织的无形资产，是组织内部与外部知识通过系统化流程，创造、使用、保存、提升并转让知识的一种管理模式，从而为企业中个体能力与企业整体的创新绩效的提升提供有效途径，创造组织的特有价值，提升组织竞争力。

Beckman（1999）提出了从低到高的5层知识转换模式。这5个层级分别为数据、信息、知识、技艺和能力。由此可以看到，知识所占据的位置是中间层，具有承上启下的作用，表现为案例、规则、过程和模型的集合。许多学者也从不同角度对知识及知识管理展开了研究。Davenport和Prusak（1998）定义知识是结构性经验、价值观念、关联信息及专家见识的流动组合。

英国哲学家波兰尼最早将知识划分为隐性知识和显性知识两大类。日本著名管理学家野中郁次郎与竹内广隆在此基础上结合日本企业管理实践在《知识创造的公司》中提出了4种知识转化的模式，即社会化、外化、组合化和内化。这4种模式全面地描述了隐性知识和显性知识相互转化的模式，被称为SECI模型。SECI模型是迄今为止较完善的知识过程理论。社会化是指从隐性知识到隐性知识的转化。这种知识通过观察和模仿将某种知识共享，而非通过语言，达到双方隐性知识转化的过程。外化是指由隐性知识向显性知识转化的动态过程。这一过程与社会化完全不同，不仅要观察学习，还要通过假设、类比等方式将隐性知识表达出来。组合化是指知识从显性知识到显性知识的转化过程。这一过程是显性知识进行重组与系统规划的综合性过程，是知识转化的高级阶段。随着知识经济的复杂化，知识组合过程的难度也随之加大。内化是指从显性知识到隐性知识的内在化过程。这一过程是知识转化的最终阶段，是将组合化的知识内化的过程，从而转化为新的隐性知识。其是在实践过程中完成知识的修正，使理论与实践相结合即知识进一步创新的过程。知识内化的过程在高新技术企业中发挥着巨大的作用。以上4种知识转化过程是一个有机的整体，对于实现员工获取、共享、应用与创新知识具有指导作用，实现了员工与员工之间、员工与组织之间的知识转移，进而达到知识不断创新的目的。

2.2.4.2 知识管理理论在本书中的应用

高新技术企业是知识密集型企业，知识在企业中占据非常重要的地位。高新技术企业人力资本的异质性、丰富性可以促进知识在高新技术企业内部的有效转化。将隐性知识显性化是高新技术企业人力资本增值的过程，对企业创新绩效的提升至关重要。

通过对资源依赖理论、信息决策理论、系统管理理论和知识管理理论进行系统梳理可知，以上四大理论构建了本书人力资本异质性对企业创新绩效影响的理论基础。由此构建出本书理论基础整合框架，如图2-3所示。

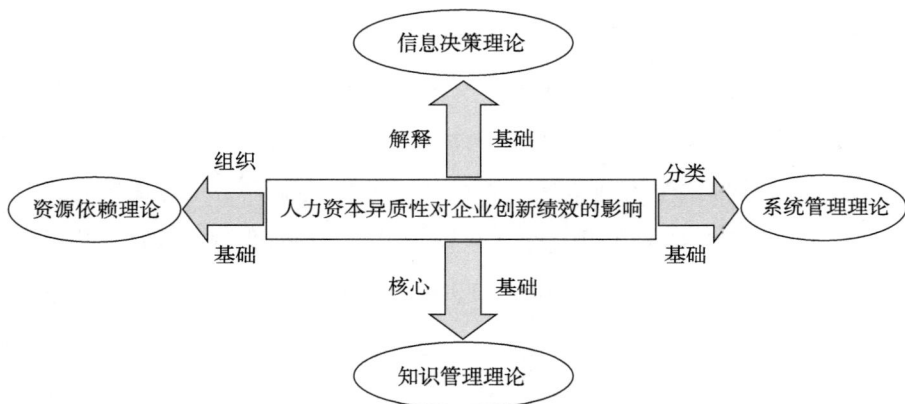

图2-3 理论基础整合框架

2.3 基于评价研究的高新技术企业人力资本异质性测度

2.3.1 高新技术企业人力资本异质性评价指标体系的构建

2.3.1.1 高新技术企业人力资本的构成要素

高新技术企业人力资本具有极强的创造性、较大的稀缺性、难以监督性和较高的流动性的特点。结合这些特点与人力资本理论，下面从人力资本的载体——人力资源所具有的满足高新技术企业发展的显示度、契合度、贡献度和对政策满意度4个维度阐述企业人力资本的基本构成要素。

（1）显示度。显示度是指高新技术企业所拥有的专业知识，体现了企业整体员工教育水平、教育质量和行业知识的掌握程度。其既包括管理层面的管理知识和经验，也包括员工层面的专业技术知识，还包括固有人力资本层面，如性别（男性所占比例）、平均年龄等。这一部分是企业人力资本中的一个重要组成部分。

（2）契合度。契合度是指企业员工自身的劳动与更高知识含量的人力资本结合程度，用企业全体员工的整体能力水平进行诠释。整体能力包括对知识的积累和创新的学习能力、发现和解决问题能力、运用新知识并进行归纳演绎能力、还包括通过"干中学"等方式积累的经验以及技术创新能力等。

（3）贡献度。贡献度是指通过健康状况演绎的创新成果的贡献程度。其包括企业对全体员工医疗健康的投入水平以及由此演绎的创新成果或业绩是否得到社会认可。

（4）对政策满意度。对政策的满意度是从高新技术企业人力资本的高流动性角度出发考虑的。其既包括企业员工流动的总体情况，也包括员工对组织的薪酬、关键岗位的配置原则的满意程度，还包括员工对组织的认同感。

从以上4个维度进行分析，也与表述人力资本的特征——知识显示度、能力契合度、健康贡献度和流动政策满意度相呼应。除此之外，本书认为单纯考虑上述4个维度不能完整测度企业人力资本，所以还考虑了企业所处的环境和人力资源存量方面的指标。

2.3.1.2 高新技术企业人力资本异质性评价体系的构建

熊彼特（1990）认为，企业家推动经济增长，并利用其特殊的知识和技能实现创新。这一论断进一步拓展了企业人力资本异质性思想。龚丽华等（2020）在阐述异质性与组织绩效的关系时，将企业异质性定义为企业建立年份、规模、资本密集度、人力资本、所有权、技术选择、组织方式等方面的差异。成员异质性在合作社的研究中被广泛运用。Iliopoulos（1999）通过7个变量来测量合作社的成员异质性。这7个变量包括成员地区分布、成员生产或购买不同商品的数量、成员年龄差异、成员受教育程度的差异、成员农场规模的差异、非农收入所占比例、成员在业务目标方面的差异。通过对以往研究成果的梳理，我们知道国家（地区）层面人力资本异质性的评价大多采用单指标和多指标结合，从教育存量法、成本法、收入法和健康素质异质性等方面建立评价指标体系的宏观评价方法。然而，对于企业或单位中观层面的人力资本异质性，大多仍采用单指标和多指标结合的方式进行评价。本书借鉴上述研究异质性问题思想，结合高新技术企业人力资本构成要素，遵循权威性、普遍性和SMATRT原则（明确性、可衡量性、可行性、吻合性和时效性原则），建立了包含5个一级指标、14个二级指标的高新技术企业人力资本异质性评价指标体系。知识显示度异质性包括员工受教育程度的差异、年龄差异、员工的任期差异、男性所占比例；能力契合度异质性包括法人职业背景差异、专业技术职称差异、员工创新和创造力差异、员工创新技术投入水平差异；健康贡献度异质性用员工健康状况的差异程度及创新成果或业绩得到社会认可的差异程度来测算；流动满意度异质性包括人才流动总体状况、本行业单位薪酬分配水平的差异程度；企业环境及人力资源存量包括企业社会资本异质性、各层次员工的结构差异。具体企业人力资本异质性评价指标体系如表2-2所示。

表2-2　企业人力资本异质性评价指标体系

	一级指标	二级指标	量化描述
企业人力资本异质性评价	知识显示度异质性	受教育程度的差异	受教育程度：高中以下学历取值为1，高中取值为2，大中专取值为3，本科取值为4，研究生以上学历取值为5。采用Herfindal-hirschmax指数表示
		年龄差异	年龄标准差
		员工的任期差异	任期年限标准差
		男性所占比例	男职工人数/全体职工人数
	能力契合度异质性	法人职业背景差异	采用Herfindal-hirschmax指数表示
		专业技术职称差异	采用Herfindal-hirschmax指数表示
		员工创新和创造力差异	员工申请专利数标准差
		员工创新技术培训投入水平差异	员工参加技术培训次数标准差
	健康贡献度异质性	创新成果或业绩得到社会认可的差异程度	社会认可：专业技能表彰、科技成果奖、劳动模范等数量标准差
		员工健康状况的差异程度	健康状态：员工每年进行体检次数的标准差
	流动满意度异质性	人才流动总体状况	员工调离岗位原因类别采用Herfindal-hirschmax指数表示
		本行业单位薪酬分配水平的差异程度	薪酬水平采用Herfindal-hirschmax指数表示
	企业环境及人力资源存量	社会资本异质性	决策层在政府或其他企业兼任职数的标准差
		各层次员工的结构差异	决策层、核心层、基础层员工人数采用Herfindal-hirschmax指数表示

2.3.2　高新技术企业人力资本异质性评价实证研究的思路设计

2.3.2.1　评价方法选择

现代综合评价方法分为4类：第一，专家评价方法。这种方法是出现较早的一种方法，是在定量和定性的基础上，以打分的方式做出定量评价。缺点是专家的权威性和组成的合理性难以保证，打分具有一定的主观倾向性。第二，运筹学与数学方法中的层次分析法（AHP）、模糊综合评价（FCE）、数据包络分析（DEA）。前两种评价方法，指标权重确定很困难，同样存在很强的主观臆断色彩；数据包络分析主要是针对效率评价的一种方法。第三，基于统计和经济方法中的TOPSIS评价法、主层次分析法、费用效益法。第四，新型评价方法中的人工神经网络评价法（ANN）、灰色综合评价法。鉴于对以上综合评价方法的分析，本书采用熵权TOPSIS综合评价法对企业人力资本进行综合评价。

（1）TOPSIS方法介绍。TOPSIS的基本原理：通过检测评价对象与最优解、最劣解的距离来进行排序。若评价对象最靠近最优解，又最远离最劣解，则为最好；否则为最差。其中，最优解的各指标值都达到各评价指标的最优值，最劣解的各指标的值都达到各评价指标的最差值。

（2）TOPSIS数学模型。通常有 m 个评价目标 D_1, D_2, $\cdots$, D_m，每个目标有 n 个评价指标 X_1, X_2, $\cdots$, X_n 表示成数学矩阵形式，建立下列特征矩阵。

$$D = \begin{bmatrix} X_{11} \cdots X_{1j} \cdots X_{1n} \\ \vdots \quad \vdots \quad \vdots \\ X_{i1} \cdots X_{ij} \cdots X_{in} \\ \vdots \quad \vdots \quad \vdots \\ X_{m1} \cdots X_{mj} \cdots X_{mn} \end{bmatrix} = \begin{bmatrix} D_1(X_1) \\ \vdots \\ D_i(X_j) \\ \vdots \\ D_m(X_n) \end{bmatrix} = [X_1(x_1), \cdots, X_j(x_i), \cdots, X_n(x_m)]$$

对特征矩阵进行规范化处理，得到规格化向量 r_{ij}，建立关于规格化向量 r_{ij} 的规范化矩阵，将标准化后的矩阵列值按照大、小值进行合并，得到最大值向量和最小值向量。

$$r_{ij} = \frac{x_{ij}}{\sqrt{\sum_{i=1}^{m} x_{ij}^2}} \quad (i=1, 2, \cdots, m; \ j=1, 2, \cdots, n)$$

$$R^+ = (R_1^+, R_2^+, R_n^+ \cdots) = (\max\{r_{11}, r_{21}, \cdots, r_{n1}\}, \cdots, \max\{r_{1m}, r_{2m}, \cdots, r_{nm}\})$$
$$R^- = (R_1^-, R_2^-, R_n^- \cdots) = (\min\{r_{11}, r_{21}, \cdots, r_{n1}\}, \cdots, \min\{r_{1m}, r_{2m}, \cdots, r_{nm}\})$$

将矩阵 D 的每个元素除以列元素的和可以得到概率矩阵 Q，由此计算指标的信息熵 e_j，进而得到熵权 W_j

$$Q_{ij} = \frac{x_{ij}}{\sqrt{\sum_{i=1}^{m} x_{ij}}}$$

$$e_j = -\frac{1}{\ln(n)} \sum_{i=1}^{n} q_{ij} \ln(q_{ij})$$

$$W_j = \frac{1-e_j}{\sum_{j=1}^{n} (1-e_j)}, j = 1,2,\ldots n$$

由此计算第 i 个评价对象与正负理想解的距离为

$$P_i^+ = \sqrt{\sum_{j=1}^{n} W_j (R_j^+ - r_{ij})^2} \, (i = 1,2,\ldots,m)$$

$$P_i^- = \sqrt{\sum_{j=1}^{n} W_j (R_j^- - r_{ij})^2} \, (i = 1,2,\ldots,m)$$

进而得到归一化最优相对程度

$$S_i = \frac{P_i^- / (P_i^- + P_i^+)}{\sum_{i=1}^{m} P_i^- / (P_i^- + P_i^+)} \in [0,1], i = 1,2,\ldots m$$

2.3.2.2　样本选取与数据来源

2018 年，黑龙江省高新技术企业有 1 150 家。其领域包括电子信息、生物与新医药、航空航天、新材料、高技术服务、新能源与节能、资源与环境、先进制造与自动化。采用等距抽样方法确定样本，具体做法如下：将 1 150家企业按照单位编号进行排序编号，每 23 家企业为一个样本单元，采用简单随机抽样方法确定第一个样本为 8 号，第二个样本为 31 号，依次为 54 号、77 号……1 135 号。由此确定样本企业 50 家。样本企业的基本特征如下：企业成立时间上，6～10 年的有 10 家，占 20%；10～15 年的有 13 家，占 26%；15～20 年的有 17 家，占 34%；20 年以上的有 10 家，占 20%。企业规模上，小微企业有 23 家，占 46%；中型企业有 22 家，占 44%；大型企业有 5 家，占10%。企业所在地域上，哈尔滨市有 25 家，占 50%；大庆市有 10 家，占 20%；

齐齐哈尔市有5家,占10%;牡丹江市有4家,占8%;佳木斯市有2家,占4%;其他地市有4家,占8%。数据均源于《黑龙江省人才普查、人才流失情况专项调研数据》。缺失数据通过点对点的实地调研与网络公布企业年报等相关信息进行补充。

表2-3　　人力资本异质性评价指标及各指标描述性统计

指标	最小值	最大值	均值	标准差
受教育程度的差异	0.036	0.721	0.477	0.150
年龄差异	1.225	12.109	7.504	1.630
员工的任期差异	1.447	13.526	8.457	2.805
男性所占比例	0.180	0.946	0.670	0.146
法人职业背景差异	0.616	0.707	0.662	0.028
专业技术职称差异	0.049	0.799	0.381	0.190
员工创新和创造力差异	1.046	12.576	6.941	2.818
员工创新技术培训投入水平差异	1.004	4.563	1.767	0.602
创新成果或业绩得到社会认可的差异程度	0.004	4.463	1.652	0.638
员工健康状况的差异程度	0.004	3.563	0.770	0.602
人才流动总体状况	0.169	0.746	0.481	0.128
本行业单位薪酬分配水平的差异程度	0.516	0.607	0.562	0.028
社会资本异质性	1.004	5.463	2.652	0.638
各层次员工的结构差异	0.002	0.666	0.176	0.176

2.3.2.3 熵权 TOPSIS 评价过程

根据上述TOPSIS方法,得到14个指标的熵值与指标权重值(见表2-4)。其中,受教育程度的差异、各层次员工的结构差异、法人职业背景差异、专业技术职称差异、员工创新和创造力差异、创新成果或业绩得到社会认可的差异程度等指标权重相对较大,通过同向化、归一化处理,得到了正负理想解。

表2-4　各评价指标权重

指标	信息熵值 e	信息效用值 d	权重系数 w
受教育程度的差异	0.984 4	0.015 6	4.67%
年龄差异	0.993 3	0.006 7	2.02%
员工的任期差异	0.983 7	0.016 3	4.88%
本行业单位薪酬分配水平的差异程度	0.993 3	0.006 7	2.00%
员工健康状况的差异程度	0.999 8	0.000 2	0.07%
专业技术职称差异	0.964 2	0.035 8	10.72%
员工创新和创造力差异	0.976 2	0.023 8	7.14%
员工创新技术培训投入水平差异	0.987 9	0.012 1	3.63%
创新成果或业绩得到社会认可的差异程度	0.981 9	0.018 1	5.42%
法人职业背景差异	0.939 4	0.060 6	18.15%
人才流动总体状况	0.990 4	0.009 6	2.89%
男性所占比例	0.999 7	0.000 3	0.10%
社会资本异质性	0.993 3	0.006 7	2.00%
各层次员工的结构差异	0.878 8	0.121 2	36.31%

表2-5　50家企业人力资本异质性评价排序

企业编号	正理想解距离 P^+	负理想解距离 P^-	综合得分（相对接近度 S_i）	排序结果
1	0.292	1.140	0.796	1
2	0.454	0.874	0.658	3
3	0.446	0.976	0.687	2
4	0.542	0.790	0.593	6
5	0.648	0.685	0.514	17
6	0.684	0.751	0.524	11
7	0.752	0.732	0.493	18
8	0.584	0.802	0.578	7
9	0.547	0.879	0.616	5
10	0.648	0.721	0.527	10
11	0.632	0.721	0.533	9

企业编号	正理想解距离 P^+	负理想解距离 P^-	综合得分（相对接近度 S_i）	排序结果
12	1.046	0.277	0.209	49
13	0.655	0.707	0.519	13
14	0.799	0.621	0.437	27
15	0.797	0.536	0.402	34
16	0.549	1.034	0.653	4
17	0.653	0.790	0.548	8
18	0.713	0.676	0.487	19
19	0.737	0.649	0.469	22
20	0.742	0.664	0.472	21
21	0.861	0.502	0.368	38
22	0.791	0.546	0.408	32
23	0.776	0.588	0.431	28
24	0.740	0.611	0.452	24
25	0.885	0.417	0.320	41
26	0.718	0.788	0.523	12
27	0.725	0.654	0.474	20
28	0.672	0.724	0.519	14
29	0.687	0.737	0.518	15
30	0.874	0.556	0.389	35
31	0.784	0.574	0.423	30
32	0.767	0.598	0.438	26
33	0.798	0.568	0.416	31
34	0.873	0.475	0.353	39
35	0.766	0.635	0.453	23
36	0.694	0.743	0.517	16
37	0.856	0.522	0.379	37
38	0.776	0.587	0.431	29

企业编号	正理想解距离 P^+	负理想解距离 P^-	综合得分 （相对接近度 S_i）	排序结果
39	0.794	0.632	0.443	25
40	0.858	0.534	0.384	36
41	0.975	0.359	0.269	47
42	0.886	0.604	0.405	33
43	0.961	0.394	0.291	45
44	0.985	0.407	0.292	44
45	1.142	0.186	0.140	50
46	1.038	0.386	0.271	46
47	1.063	0.484	0.313	43
48	1.037	0.518	0.333	40
49	1.102	0.297	0.212	48
50	1.081	0.505	0.318	42

　　将得到的50家高新技术企业人力资本异质性评价综合得分与企业创新产出水平进行相关性分析，企业创新产出水平通过企业的有效发明专利数量来衡量。由图2-4两变量分布的散点图可知，针对中小企业，企业人力资本异质性与创新产出水平之间呈正相关关系，也就是说，适度保持企业人力资本异质性可以提高企业创新产出水平。信息加工理论认为，成员间较大的异质性有助于提升企业创新绩效。个人特征的差异使企业在创新选择时信息更加全面，成员间有各种不同的知识背景，拥有相辅相成的技能和能力，促进成员掌握多种处理解决问题的方法与技能，有利于提高工作效率，从而有利于企业创新绩效的最大化。

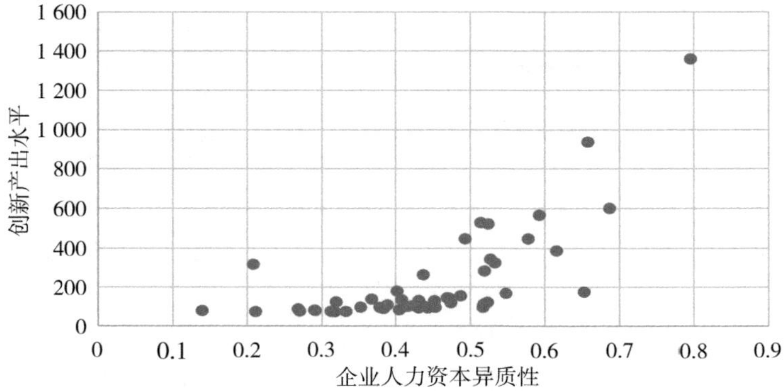

图2-4 企业人力资本异质性与企业创新产出水平相关性散点图

2.3.3 高新技术企业人力资本异质性特征识别

针对高新技术企业人力资本异质性，依然按照如上阐述的决策层人力资本、核心层人力资本和基础层人力资本3个层次展开异质性的探讨。针对决策层人力资本特征的异质性研究，本书从年龄、任期、性别、职业背景及受教育程度等方面的异质性进行分析。然而，在人力资本高级化背景下，年龄与受教育程度高度相关，高新技术企业中男性占比较大。针对核心层人力资本特征的异质性研究，本书选择学历和职业背景两个特征进行异质性识别。核心层人力资本的载体是核心管理者，也称低层管理者或一线管理者。陈贤纯（2014）指出，一线管理者具有双重身份，一方面传达决策者关于人力资源管理的政策，解读与指导人力资源管理的政策；另一方面对于将基层员工的思想动态与发展需求和企业或人力资源部门进行沟通。更重要的是，需要一线管理者具有掌握和熟悉特定专业领域中的过程、管理、技术与工具的能力，这就要求一线管理者要具备概念技能、人际技能和技术技能。个人素质方面的差距一般不会太大，由此需要对核心层人力资本异质性核心技能的差异程度进行识别。基础层人力资本的载体是一般技术员工。一般技术员工拥有知识资本和较高的个人素养，从事知识生产、创造、扩展、共享和应用的活动，为企业做出创新型的贡献，并带来知识资本和货币资本快速增值。叶江峰（2015）提出，不同的异质性知识来源会影响企业知识的获取成本及其整合效率，内部知识异质度对创新绩效存在正向的线性效应。创新来自不同知识、信息以及经验间的重新组合，异质性信息与知识构成组合成创新的基础，所以可以对基础层人力资本异质性知识特征的差异进行识别。

2.4　高新技术企业人力资本异质性测量

2.4.1　量表开发

对于异质性的测量主要采取如下 3 种方法：①对于外部易观察的类别变量，采用 Blau 系数表示。Blau 系数越接近 1，说明异质性越大；反之，该系数越接近 0，说明异质性越小。②对于外部易观察特征的连续变量，采用标志变异指标进行测量，主要包括四分位差、平均差、方差和标准差。标志变异指标越大，说明数据分布越分散，数据远离中心值的程度越高，异质性程度越大；反之，标志变异指标越小，说明数据分布越集中，数据远离中心值的程度越低，异质性程度越小。③对于内部深层次特征变量，由于显性数据不可测量的性质，采取隐性量表进行测量，针对内部深层次特征所涉及的问题，对被调查者以询问的方式展开。这也是对不可测量变量采取的主要方法，对于人力资本异质性测量方法的研究也沿着这一方法逐渐深入。

从目前现有相关研究来看，学者们对于人力资本异质性的研究主要停留在选择外部易观察特征的差异上，缺乏对人力资本异质性内部深层次特征差异的测量，针对高新技术企业人力资本异质性的研究更少。本书将定性与定量研究方法相结合，探讨高新技术企业人力资本异质性的具体内涵与各层人力资本异质性特性。根据 Hinkin（1998）的量表编制方法，开发人力资本异质性的测量量表，包括 3 个步骤：①测量题项的生成；②初始量表结构检验；③效度检验。

各层人力资本异质性测量题项主要通过对国内外相关文献进行分析、半结构化访谈和开放式调查问卷的方式获取。

2.4.1.1 相关文献分析

首先，通过文献阅读，提取国内外有关人力资本异质性研究中的条目。关于决策层人力资本，学者们多关注年龄、教育水平、职业来源、任期等特征。随着研究的深入，学者们也逐渐关注决策层人力资本的能力特征，包括战略能力、管理能力、政府关系能力和社会关系能力等。Foss 等（2015）、杨增雄（2019）通过理论分析，认为决策层人力资本的异质性是由高层决策者精神、能力和活动3部分的异质性叠加构成的。精神异质性主要体现为创新；能力异质性主要体现为判断力；活动异质性主要体现为创业和管理活动。对于核心层人力资本，Nehles 和 Looise 等（2008）关注核心管理者的期望、能力、胜任力等特征。期望是指核心管理者执行人力资源管理实践的意愿；能力是指核心管理者在完成人力资源管理任务的同时，不仅具有履行人力资源责任的时间和精力，还要有处理生产运营管理等问题的能力；胜任力是指核心管理者成功实践人力资源管理活动需要的人力资源相关的知识和技能。核心层人力资本的载体是核心管理者。陈贤纯（2014）指出，核心管理者具有双重身份，一方面传达决策者关于人力资源管理政策，解读与指导人力资源管理政策；另一方面对于基层员工的思想动态和发展需求与企业或人力资源部门进行沟通。对于基础层人力资本，基础层人力资本的载体是基层员工。基层员工拥有知识资本和较高的个人素养，从事知识生产、创造、扩展、共享和应用的活动，为企业做出创新型的贡献，并带来知识资本和货币资本快速增值。参考Campion 等（1993）、Amrit 和 Mclean（2005）、曹勇等（2020）、叶江峰（2015）、Papa 等（2018）提出，不同的异质性知识来源会影响企业知识的获取成本及其整合效率，内部知识异质度对创新绩效存在正向的线性效应。创新来自不同知识、信息以及经验间的重新组合，异质性信息与知识构成组合成创新的基础。王宁等（2014）普遍认为高新技术企业基层员工都是知识型员工。大多关注基层员工所掌握的知识、技能、能力、健康4个维度。

随着研究的深入，程虹等（2020）关注员工是否接受技能培训和是否接受锻炼等方面特征。由此可见，针对高新技术企业基础层人力资本多数学者关注基层员工任务执行时掌握的知识特征。本书在确定测量题项条目时，主要参考了以上研究者的研究成果。

2.4.1.2 半结构化访谈

由于各层次人力资本特征仍不明确，因此接下来通过对高新技术企业高层决策者、核心管理者和基层员工进行半结构化访谈，来了解各层人力资本特征。访谈内容将为接下来的开放式问卷的题项归类做了一定的铺垫和参考。在受访者的选择上，首先，受访者本着自愿的原则接受访谈；其次，同一企业的受访者之间是上下级关系，利于自评和他评。研究者通过个人关系网络联系受访者，选取了黑龙江、北京、广东和浙江的6家企业的 18 位员工，包括高层决策者6名、核心管理者6名、基层员工6名。其中，女性受访者3人，占访谈总人数的16.7%，访谈对象年龄均值为42岁，标准差为4.67。具体访谈样本信息如表 2-6 所示。

表 2-6 半结构化访谈样本信息

企业名称	所在地区	编号及职务
A 公司	北京	A1 董事长
		A2 研发部部长
		A3 研发技术员工
B 公司	广东	B1 总经理
		B2 质量监察部部长
		B3 质量监察技术员工
C 公司	浙江	C1 总经理
		C2 生产部部长
		C3 生产技术员工
D 公司	浙江	D1 董事长
		D2 生产技术部部长
		D3 生产技术员工

续　表

企业名称	所在地区	编号及职务
E 公司	黑龙江	E1 总经理
		E2 副总经理
		E3 产品销售部员工
F 公司	黑龙江	F1 总经理
		F2 生产研发部部长
		F3 生产研发技术员工

访谈内容主要由3部分构成，包括决策层人力资本异质性、核心层人力资本异质性和基础层人力资本异质性。在访谈开始前，访谈者首先向访谈对象说明访谈不会涉及个人隐私，访谈内容只用于学术研究分析且获得的全部内容也绝对保密，不会对本人及公司产生任何影响。其次向被访谈者说明"人力资本与人力资源之间的关系、什么是人力资本？什么是决策层、核心层和基础层人力资本？什么是人力资本的异质性？"等内容。访谈采取电话的方式进行。在得到访谈对象允许后，访谈者对访谈的内容进行录音。访谈内容涉及企业所处内外部环境、人员结构、机构设置及人力资本异质性等内容。设置企业所处内外部环境、人员结构和企业机构设置访谈内容的目的是为更好地了解各层次人力资本异质性做铺垫，同时拉近与被访谈者之间的距离，能更好地展开访谈工作。具体访谈内容如表2-7所示。

表2-7　半结构化访谈提纲

项目	访谈内容
	决策层人力资本异质性
1	您所在企业机构设置是怎样的？
2	您所在企业人员配置是怎样的？
3	请您介绍一下企业外部关系网络和企业内部创新环境
4	决策层人力资本应该用什么特征衡量？说说您是如何看待的？
5	决策层人力资本是否存在差异？表现在哪些方面？

续　表

项目	访谈内容
6	决策层人力资本异质性是否影响高层决策者创新行为，进而影响企业创新绩效？针对这方面，您怎么看？
核心层人力资本异质性	
1	您所在企业内部环境是否利于创新思路和创新行为的产生？说说您的看法
2	您对企业创新资源分配满意吗，有什么意见和建议？
3	核心层人力资本应该用什么特征衡量，说说您是如何看待的？
4	核心层人力资本是否存在差异，表现在哪些方面？
5	核心层人力资本异质性是否影响核心管理者创新行为，进而影响企业创新绩效？针对这方面，您怎么看？
基础层人力资本异质性	
1	您所在企业内部环境是否利于创新思路和创新行为的产生？说说您的看法
2	您对企业创新资源分配满意吗，有什么意见和建议？
3	基础层人力资本应该用什么特征衡量，说说您是如何看待的？
4	基础层人力资本是否存在差异，表现在哪些方面？
5	基础层人力资本异质性是否影响基层员工创新行为，进而影响企业创新绩效？针对这方面，您怎么看？

访谈完成后，采用主题提炼的方式对访谈记录及录音材料进行深入分析。首先，细心地整理并对比每一份访谈记录和录音材料。然后，在丰富的记录中，细致地筛选出与各层次人力资本异质性紧密相关的内容。在确保内容的相关性和清晰表达的前提下，进一步提炼出能够准确反映各层次人力资本异质性的关键信息和表述。通过对访谈记录和录音材料的一番细致分析，初步掌握各层次人力资本异质性的核心内容。为了直观展示访谈结果，列举示例语句，如表2-8所示。

表2-8　受访者对各层次人力资本异质性描述的示例语句

受访者编号	示例语句
A1	学历差异、教育背景差异、战略管理能力差异是决策层人力资本异质性的关键

受访者编号	示例语句
A2	人际沟通协调技能差异；分析复杂问题并做出正确决策能力差异
A3	企业基层员工知识基础的范围扩大；增加互补性知识资源的可获得性
B1	管理能力差异、学习能力差异
B2	人力资源管理活动需要的人力资源相关的知识和技能差异
B3	知识具有多样性，企业内部形成较大的知识池
C1	创新能力差异、政府关系能力差异
C2	学历差异、执行人力资源管理实践的意愿差异
C3	获得多样化的知识资源
D1	接受教育年限差异、职业背景差异、社会关系能力差异
D2	处理生产运营管理等问题的能力差异、时间和精力差异
D3	知识激活与知识探索及转化能力差异
E1	有很多与众不同的能力，如决策能力、洞察力和执行力
E2	认知能力差异、工作技巧和个人的教育水平与应变能力差异、信息处理能力差异、组织沟通协调能力差异
E3	对新获知识的整合与调节能力差异
F1	完成某项事业，开展创新活动的强烈企图心
F2	自己所在领域复杂问题分析的能力差异、相关工具和规章政策掌握熟练运用的能力差异
F3	教育程度差异，运用探索、发现和创新等方式对已有知识进行维护的能力差异

通过访谈，初步了解到各层次人力资本异质性的一些基本内容，如决策层人力资本异质性的能力差异，核心层人力资本异质性的沟通技能差异、处理生产运营管理等问题的能力差异，基础层人力资本异质性集中在基层员工掌握的知识的差异上。接下来，在半结构化访谈的基础上，进行开放式问卷的调查研究，全面系统地探讨各层次人力资本异质性的内涵和维度，从而进行初始题项的获取。

2.4.1.3 开放式问卷调查

在半结构化访谈的基础上，对高新技术企业的高层决策者、核心管理者和基层员工进行了开放式问卷调查。在问卷中，赋予决策层、核心层和基础层以人力资本异质性内涵，通过高层决策者、核心管理者和基层员工结合自身对人力资本的理解，对人力资本异质性内容进行描述（描述语句不得少于4条）。对黑龙江、北京、广东和浙江的54家高新技术企业进行调研，企业人力资源部门的工作人员负责问卷的发放工作。在问卷发放前，研究者对进行问卷发放的工作人员进行相关培训和说明，以此来保证问卷填答的准确性和完整性。对高层决策者发放问卷54份，回收有效问卷46份，有效问卷回收率为85.18%；对核心管理者发放问卷162份，回收有效问卷148份，有效问卷回收率为91.35%；对基层员工发放问卷270份，回收有效问卷256份，有效问卷回收率为94.81%。样本数据的基本信息如表2-9所示。

表2-9　开放式问卷样本数据的基本信息

变量	类别	数量（人）	占比（%）
性别	男	298	66.22
	女	152	33.78
教育程度	大专以下	7	1.56
	大专	140	31.11
	本科	205	45.56
	硕士以上	98	21.78
职位层次	高层决策者	46	10.22
	核心管理者	148	32.89
	基层员工	256	56.89

样本分布情况如表2-9所示，其中男性占比为66.22%，多于女性，大专及以上教育程度占绝大比重；高层决策者发放问卷数量最少，考虑高层决策者时间精力宝贵，仅依靠研究者个人社会网络关系寻找少数被调查者，核心管理者略多，基层员工发放问卷数量最多。

为了确保编码流程的高效与准确，采纳樊景立等（2004）编码体系对原始文本资料进行编码与总结。这一体系的实施细节如下：首先，依据既定的准则和原则，对访谈所得的原始文本进行筛选，剔除与研究主旨不相关的部分，初步提炼出关键议题。其次，将意义相近或相同的议题整合至同一类别下，并为这些类别赋予恰当的名称。这一过程被称为主轴编码。最后，对比主轴编码阶段形成的各类别，在清晰界定核心类别的前提下，构建出一个完整的框架。为确保编码的客观性，该过程先由3位独立的研究者分别执行，然后由两位专家将对编码中存在的分歧进行复核与调整。鉴于该方法在过往量表开发中被广泛应用，能有效保障编码结果的一致性。

450名被试者总共列出1 258（174+498+586）条人力资本异质性内容。研究者首先将所有特征描述都输入计算机，进行开放式编码。然后由4位编码员对输入的1 258条特征按照各层次人力资本异质性应具有的特点进行整理和筛选。经过研究者的认真筛选，共删除了265（36+104+125）条（21.1%）不符合人力资本异质性内容的描述。在语句表达上，存在一个表达包括两三个不同特征的情况，研究者对其进行拆分，得到1 017（142+406+469）条含义单一、表达清楚准确的人力资本异质性内容的描述。然后，参考半结构化访谈获得的信息，研究者和两位博士生分别对1 017条描述进行主轴编码。3位编码员在主轴编码中，需要将意义相同或相似的题项归入同一个类别中，并对该类别进行命名。3位编码员将题目归类到类别，并将归类的结果与一位专家进行讨论，最终形成主轴编码结果。经过主轴编码，初步形成了10（4+3+3）个类别。为进一步精练这10个类别，研究者又对二阶类别进行选择编码；通过编码和归纳，总结出各层次人力资本异质性的概念内涵，并确保其内容效度。在最终的选择编码后，确定了5个一阶类别。研究者为每一类选出有代表性的内容描述，最终得到34个测量题项。具体内容如表2-10所示。

对通过编码获得的34个人力资本异质性测量题项进行了小规模的问卷调查。调查对象为杭州某高新技术企业的6名高层决策者、16名核心管理者和20名基层员工。问卷设计的好坏直接影响数据收集的质量以及实证结果。问卷量表采用Likert-5尺度（其中，1代表完全不同意或极不符合，2代表不同意或不符合，3代表一般同意或一般符合，4代表基本同意或基本符合，5代表非常同意或非常符合）。42名被调查者对该量表的34个测量题项是否可以准确评价人力资本异质性概念进行判断和评估。结果显示，调查对象对各个测量题项评分的平均值在3.50以上，保证了测量题项的内容效度，也使研究者最终保持了34个人力资本异质性的测量题项。

表2-10　人力资本异质性5类代表性内容描述

一阶类别名称	异质性内容描述
决策层人力资本异质性	
思维决策能力差异	创新能力差异、政府关系能力差异、决策能力差异、洞察力和执行力差异
知识差异	学历差异、学习能力差异
核心层人力资本异质性	
管理技能差异	人际沟通协调技能差异、分析复杂问题并做出正确决策能力差异、自己所在领域复杂问题分析能力差异、相关工具和规章政策掌握熟练运用的能力差异
能力差异	认知能力差异、工作技巧和个人的教育水平与应变能力差异、信息处理能力差异、组织沟通协调能力差异
基础层人力资本异质性	
任务执行知识差异	知识激活与知识探索及转化能力差异，运用探索、发现和创新等方式对已有知识进行维护的能力差异，获得多样化的知识资源，企业内部形成较大的创新知识池

2.4.1.4 预试与正式问卷确定

本次正式调研对象选择广东、江苏、北京、浙江、湖北、四川、黑龙江80家高新技术企业。之所以选择这几个地方，是因为这几个地方的高新技术企业数量较多，能够代表全国高新技术企业的绝大多数。调研前，先向企业人力资源管理部门工作人员介绍调研内容。由于问卷涉及的题项较多，高层决策者因时间原因无法填写问卷。为保证问卷质量，将高层决策者和基层员工问卷题项，在不改变原意的前提下改为由核心管理者他评题项。共发放问卷800份，回收有效问卷684份，有效问卷回收率为85.5%。

对于预试结果，进行探索性因子分析。探索性因子分析即通过降维的过程，厘清并简化构念结构。分析结果表明，样本KMO达到0.814，Bartlett's球形检验χ^2值为2 023.486，相伴概率值小于0.000，达到非常显著的水平，因此，数据采用因子分析来降维，并采用斜交方差极大法进行因子旋转。通过探索性因子分析，删除了因子共同度低、因子负荷低和交叉负荷高的题项。每次删除一个条目后再进行因子分析，直到构念因子结构比较符合理论设计，各个条目的负荷符合统计要求，此时因子解释力较高。经过探索性因子分析，最终确定了22个题项分布在3个因子上，方差的总解释率为65.487%。数据分析表明，初始问卷的内容结构比较清楚，人力资本异质性呈现3个因子的构念结构。因此，研究者将初始问卷确定的22个题项作为正式调查问卷的题项，进行正式问卷调查。

2.4.2 量表可靠性检验

2.4.2.1 研究样本和数据采集

重新收集实证数据，首先通过验证性因子分析以及检验探索性因子分析检验所得到的人力资本异质性内容的有效性和合理性。然后对量表的信度与效度进行检验。针对这部分内容再次进行了两次问卷调查，目的是分别进行探索性因子分析和验证性因子分析。第一次调研对象仍选择广东、江苏、北京、浙江、湖北、四川、黑龙江72家高新技术企业。共发放360份调查问卷，获得265份有效问卷，问卷回收有效率为73.61%。第二次调研对象为上述地区的108家高新技术企业，共发放540份调查问卷，获得460份有效问卷，问卷回收有效率为85.19%。探索性和验证性因子分析被调研者的基本情况如表2-11所示。

表2-11　探索性和验证性因子分析被调研者基本情况统计

变量	类别	探索性因子分析		验证性因子分析	
		数量（人）	占比（%）	数量（人）	占比（%）
性别	男	187	70.57	347	75.64
	女	78	29.43	113	24.36

续　表

变量	类别	探索性因子分析		验证性因子分析	
		数量（人）	占比（%）	数量（人）	占比（%）
教育程度	大专以下	6	2.16	17	3.60
	大专	104	39.29	187	40.65
	本科	129	48.56	234	50.87
	硕士以上	26	9.99	22	4.88
工作年限	0～3 年	15	5.70	16	3.49
	3～5 年	78	29.45	140	30.56
	5～10 年	120	45.47	220	47.80
	10 年以上	52	19.38	84	18.15

由表 2-11 可知，在对探索性因子分析和验证性因子分析进行的两次调研中，男性被调研者的比率较大，教育程度都集中在大专及以上。这也符合实际情况，在高新技术企业认定标准中，去除了员工大专以上学历限制的要求。被调研者工作年限 5 年以上占绝大比重，保证了核心管理者对所在企业很熟悉，保证了问卷他评的可信性。

2.4.2.2 探索性因子分析

根据样本数据的 KMO 值和 Bartlett's 球形检验来判断用该样本进行因子分析的适合度。本次调查样本数据的 KMO 值为 0.825，Bartlett's 球形检验的 χ^2 值为 5 466.274，自由度为 231，显著性水平小于 0.000，达到非常显著的水平。由以上结果可知，可以使用调查所得的 265 份数据进行探索性因子分析。

下面采用主成分分析法，对正式问卷的全部题项开展探索性因子分析。经过探索性因子分析，22 个题项全部留下，分布在 3 个因子上，方差的总解释率为 76.548%，各个题项在相应因子上的载荷及其共同度如表 2-12 所示。

表2-12　旋转后因子载荷及共同度统计表

名称	因子载荷系数 r			共同度（公因子方差）r
	思维决策能力差异	管理技能差异	任务执行知识差异	
X1	0.792			0.601
X2	0.651			0.642
X3	0.841			0.590
X4	0.703			0.645
X5	0.748			0.647
X6	0.837			0.689
X7	0.836			0.528
X8	0.834			0.538
X9	0.828			0.513
X17		0.767		0.504
X18		0.573		0.569
X19		0.698		0.697
X20		0.674		0.640
X21		0.692		0.680
X22		0.693		0.592
X23		0.590		0.712
X24		0.594		0.503
X25		0.570		0.604
X32			0.454	0.711
X33			0.631	0.700
X34			0.522	0.696
方差解释率	49.548%	21.590%	5.410%	
累计方差解释率	76.548%			

对于人力资本异质性可以从3个维度进行分类，即决策层思维决策能力差异、核心层管理技能差异和基础层任务执行知识差异。决策层人力资本异质性的思维决策能力差异，分为决策能力差异、创新能力差异和学习能力差异，包括"企业高层决策者根据企业文化和核心价值做出有洞察力的判断的能力差异、企业高层决策者对事物的未来进行预先的估计和推测的能力差异、企业高层决策者具有的胆识差异、企业高层决策者认识分析复杂问题并

做出正确创新战略选择的能力差异、企业高层决策者创新信息整合能力和独立思维能力差异、企业高层决策者发掘新的创新点和商机的能力差异、企业高层决策者的学历差异、企业高层决策者的年龄差异、企业高层决策者的任期差异和企业高层决策者的职能背景差异" 9 个题项。此因子的方差解释率为 49.548%。核心层人力资本异质性的管理技能差异分为概念技能差异、技术技能差异和人际技能差异，包括 "您及同级别同事所掌握的专业知识分析能力和技术水平差异、您及同级别同事所掌握新产品生产管理流程的水平差异、您及同级别同事所掌握和熟悉特定专业领域中的惯例及工具的能力差异、您及同级别同事对下属的领导能力差异、您及同级别同事处理各种人际关系的沟通能力差异、您及同级别同事的语言表达能力差异、您及同级别同事对相关工具和规章政策掌握的熟练运用能力差异、您及同级别同事针对复杂情况进行抽象思考形成观念的思维能力差异、您及同级别同事目标管理和开拓创新的能力差异" 9 个题项。此因子的方差解释率为 21.590%。基础层人力资本异质性的任务执行知识差异，包括 "您所在的团队基础技术人员各自的专长差别、您所在的团队基础技术人员有各种不同的工作背景、您所在的团队基础技术人员拥有相辅相成的技能和能力" 3 个题项。此因子的方差解释率为 5.410%。

2.4.2.3　验证性因子分析

由于探索性因子分析得到的人力资本异质性结构模型必须经过验证性因子分析才能得到确认，所以使用调研的 460 份数据进行验证性因子分析。验证性因子分析侧重于检验假定的观察变量与假定的潜在变量之间的关系。验证性因子分析是结构方程模型的一种次模型。使用结构方程模型的分析程序可以对潜在变量的结构进行有效分析。根据相关研究，采用绝对适配度指数、增值适配度指数和简约适配度指数判断结构方程模型的整体适配程度。模型适配良好判定标准：绝对适配度指数中卡方的 p 值大于 0.05、适配度指数和调整后的适配度指数均大于 0.9、渐进残差均方和平方根小于 0.05；增值适配度指数大于0.90；简约适配度指数中卡方自由度比介于1～3、PGFI和PNFI均大于0.5；表示模型适配良好）。经检验，模型拟合的各项指标如表2-13所示。

表2-13　人力资本异质性构想模型拟合度

常用指标	卡方值χ^2	自由度df	P值	卡方自由度比χ^2/df	GFI	RMSEA	CFI	NFI	PNFI
判断标准	—	—	>0.05	<3	>0.9	<0.10	>0.9	>0.9	>0.9
值	409.116	206	0.064	1.986	0.923	0.055	0.908	0.910	0.901

由表2-13可知，人力资本异质性构想模型各项指标适配良好。这说明观测数据较好地支持了构想模型，人力资本异质性的三因子结构得到了验证。同时也比较了三因子模型和其他竞争模型拟合度指标。通过与单因子模型、两因子模型的拟合指标进行比较，三因子模型的拟合度明显最高，因此为最优模型。由表2-14可知，模型的各个题项在相应潜在变量上的载荷均比较高，各个题项的载荷分布在0.60～0.93之间，介于0.50～0.95的合理区间之间，表明误差较小；各个观测变量对相应潜在变量的解释率较高，表明人力资本异质性构念维度划分是合理、可靠的。

表2-14　人力资本异质性验证性因子分析结果摘要

因子	题项	标准载荷系数	标准误方差	平均方差萃取AVE值	组合信度CR值
思维决策能力差异	洞察力、判断力差异	0.921	0.17	0.570	0.925
	预先的估计和推测能力差异	0.920	0.169		
	胆识差异	0.770	0.159		
	正确创新战略选择的能力差异	0.729	0.39		
	创新信息整合能力和独立思维能力差异	0.624	0.236		
	发掘新的创新点和商机的能力差异	0.697	0.407		
	学历差异	0.682	0.236		
	年龄差异	0.669	0.429		
	任期差异	0.730	0.044		
	职能背景差异	0.752	0.368		

因子	题项	标准载荷系数	标准误方差	平均方差萃取 AVE 值	组合信度 CR 值
管理技能差异	专业知识分析能力和技术水平差异	0.670	0.342	0.500	0.894
	新产品生产流程管理水平差异	0.649	0.239		
	掌握和熟悉特定专业领域中的惯例及工具的能力差异	0.673	0.301		
	对下属的领导能力差异	0.882	0.221		
	各种人际关系的沟通能力差异	0.815	0.213		
	语言表达能力差异	0.823	0.389		
	规章政策掌握的熟练运用能力差异	0.775	0.462		
	形成抽象观念的思维能力差异	0.698	0.402		
	目标管理和开拓创新的能力差异	0.692	0.398		
任务执行知识差异	各自的专长差别	0.822	0.129	0.563	0.742
	各种不同的工作背景	0.704	0.256		
	有相辅相成的技能和能力	0.720	0.204		

2.4.2.4 信度、效度检验

信度检验包括组合信度、折半信度、个别信度和内部一致性信度检验。由表2-14可知，3个因子对应的组合信度CR值都大于0.7，满足大于0.5的标准，说明问卷的组合信度较好。折半信度检验结果如表2-15所示。从检验结果可知，人力资本异质性问卷的各个维度以及整个问卷的折半信度均高于0.7的标准，说明问卷具有较高的折半信度。个别信度是指问卷中单个题项的信度，单个题项在相应潜变量上的负荷平方即为个别信度，通过结构方程来检验。各项目的个别信度大于 0.2 的参考标准，说明问卷具有良好的个别信度。内部一致性信度检验中用 Cronbach α 系数来表示，3个因子内部一致性系数分别为0.918、0.886和0.703，总体Cronbach α 系数为0.762，可见量表的信度较好。

表2-15　人力资本异质性问卷的折半信度系数

	思维决策能力差异	管理技能差异	任务执行知识差异	总问卷
Spearman	0.874	0.825	0.702	0.775
Guttman	0.861	0.755	1.000	0.759

效度检验包括聚合效度、区分效度和结构效度。由表2-15所示，3个因子平均变异数萃取量AVE值均大于0.5，组合信度CR值均大于0.7，这意味着本次分析数据聚合（收敛）效度较好。利用验证性因子分析的相关结果进行区分效度研究，平均变异数萃取量AVE平方根可表示因子的聚合性，相关系数表示相关关系，AVE平方根大于该因子与其他因子的相关系数绝对值，并且所有因子均呈现同样的结论，说明因子具有良好的区分效度。针对思维决策能力差异，其AVE平方根为0.755，大于因子间相关系数绝对值的最大值0.352，这意味着其具有良好的区分效度。针对管理技能差异，其AVE平方根为0.707，大于因子间相关系数绝对值的最大值0.675，这意味着其具有良好的区分效度。针对任务执行知识差异，其AVE平方根为0.750，大于因子间相关系数绝对值的最大值0.705，同样意味着其具有良好的区分效度。基于不同原理的探索性因子分析和验证性因子分析的结果并不总是相同的。通过探索性因子分析得到的量表结构必须通过验证性因子分析做进一步验证，因此，探索性因子分析得到的结构一定要同时在验证性因子分析模型中得到良好的拟合度。当两者结果具有较高的一致性时，量表才具有良好的结构效度。因此，从竞争模型的拟合度比较，三因子模型拟合度最高，说明人力资本异质性量表的定义清晰，结构效度良好。

2.4.3　研究结果分析与探讨

通过文献法、问卷调查和专家访谈，对人力资本异质性的内容结构进行初步探索、分类和抽象，并采用实证调查和统计分析技术，对人力资本异质性的内容结构展开系统性研究。通过探索性因子分析发现，人力资本异质性的内容结构包括决策层思维决策能力差异、管理技能差异和基础层任务执行知识差异 3 个维度，各个维度的信度系数介于 0.7～0.92 之间，总体 Cronbach 系数为 0.762，大于 0.7 的标准。因此，对人力资本异质性及其各个维度的内涵界定如下。

高新技术企业人力资本分为决策层人力资本、核心层人力资本和基础层人力资本。决策层人力资本的载体是高层决策者，高层决策者能够制定适合企业各个时期发展的战略，在员工中具有很高的威信，具有领导企业实现目标的能力。对于决策层人力资本来说，最重要的是思维决策能力。由此，决策层人力资本异质性体现为其思维决策能力的差异，具体表现在决策能力差异、创新能力差异和学习能力差异上。

核心层人力资本的载体是核心管理者。核心管理者能够按照组织要求出色完成本部门工作，够帮助员工发展其能力，在人力资源管理中下达管理政策并交流员工思想动态与需求、解读并执行监督管理政策，提出意见与发展需求的双层作用。对于核心层人力资本来说，最重要的是管理技能。由此，核心层人力资本异质性体现为其管理技能差异，具体表现在概念技能差异、人际技能差异和技术技能差异上。

基础层人力资本的载体是基层员工。基层员工经常参加技术和管理培训，具有完成本职工作的丰富经验和技能。对于基础层人力资本来说，最重要的是任务执行的知识。由此，基础层人力资本异质性体现在其任务执行知识差异上。任务执行知识差异可以弥补自身认知有限的困境，在复杂的创新环境中，能够帮助企业将不同主体异质性知识资源进行整合，形成新的创新知识和技能。

第3章

人力资本异质性对高新技术企业
创新绩效影响的机理研究

本章确定了人力资本异质性通过创新行为影响高新技术企业创新绩效提升的分析主视角，从决策层、核心层和基础层人力资本异质性特征出发，探讨3个层次人力资本异质性通过不同创新行为促进高新技术企业创新绩效提升的作用机理，并针对理论提出相应的研究假设。

3.1　人力资本异质性对高新技术企业创新绩效影响的研究思路

根据文献研究和人力资本异质性量表开发研究，将衡量人力资本异质性的指标按照每个员工职能分工的不同，分为以下几个方面。决策层人力资本异质性用决策层思维决策能力差异进行衡量；核心层人力资本异质性用管理技能差异进行衡量；基础层人力资本异质性用基层员工任务执行知识差异进行衡量。

个体特征是创新产生的基础。高新技术企业各层级工作人员成长环境、专业知识、技能背景和受教育程度都存在差异，由此导致其在实际工作中表现为不同的行为和价值观念，最终影响高新技术企业的创新绩效。

（1）高层决策者在高新技术企业创新活动中起着重要的决定性作用。成长环境的不同、知识背景的多样性，会使他们针对高新技术企业内外部环境提出整个企业组织的创新设想，提出适合的创新目标，制定正确的战略决策。各成员背景和构成特征会对企业竞争行为产生重要影响。这不仅直接影响高新技术企业绩效，还有可能通过对战略选择的影响，给企业带来更丰富的信息源，间接影响高新技术企业绩效。战略选择的过程就是有效信息流动和再生的过程。信息在信息源和决策者之间进行交互，将新的知识、数据信息、方法传递给决策者；决策者经过信息的加工和整理，生成新的记录，用于指导新的决策工作。各成员背景和构成特征的多样性有利于高层决策者创造易于创新的组织环境，配置好创新所需要的各种资源，能够对人员素养和能力进行准确识别与合理划分，充分支持具有创新能力和创新意识的员工开展创新活动。成员不同的职能背景和构成特征也会使高层决策者具有多样性的工作经历，拥有不同的社会资本，建立有效的社会关系网络。使其通过缔结外部社会网络，从横向和纵向两个维度，联结社会网络中的各个主体并加强与之联系，实现创新资源的共享、整合、协同，并将技术创新成果商业化，提升高新技术企业整体的创新绩效。

（2）在技术创新过程中，核心管理者的职能表现为在执行企业组织的创新战略时，同高层决策者一样，不一定直接参与具体的研发工作，但起到传达高层决策者创新战略，对基础层工作人员参与的研发工作及日常创新工作的具体管理作用。在这一过程中，核心管理者可以根据自身掌握的多元知识技能，不断协调成员与成员之间的和谐程度，趋同团队的价值观，不断提升管理效能。其中，沟通起着至关重要的作用。它负责协调各个体、各要素，使企业成为一个具有凝聚力的整体。同时，沟通也是领导者激励或约束下属，实现领导职能的重要途径。

（3）基层员工直接参与具体的研发工作，直接参与技术创新的产出与成果转化。一方面，企业内部技术员工可以根据自身掌握的不同知识进行信息交流与转换，创造、合成有利于企业创新的新知识；另一方面，内部员工通过多元知识背景，将个体掌握的知识进行互相补充，可以为高新技术企业带来更多的知识资源，带来更加多元的知识创新观点，并随着掌握信息资源的不同，实现企业知识创新、技术创新，不断提升企业创新绩效。人力资本异质性对高新技术企业创新绩效影响的研究思路如图3-1所示。

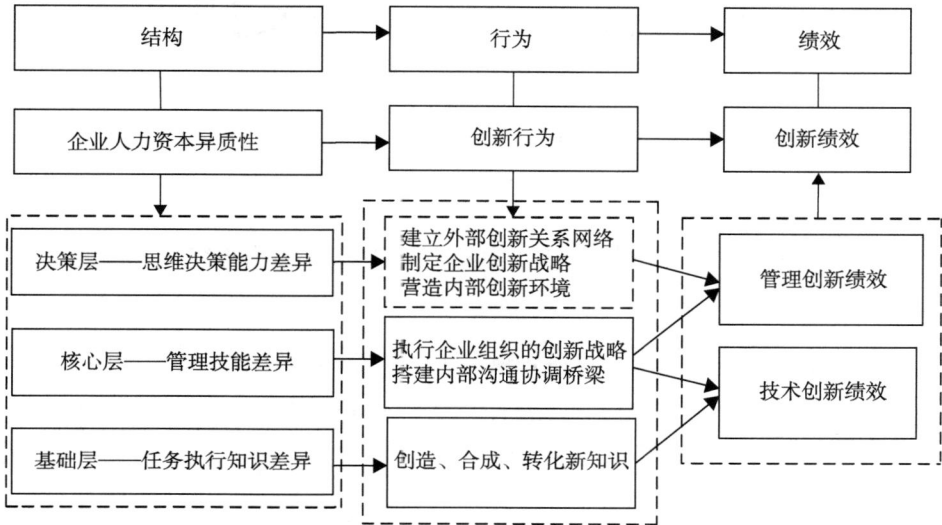

图 3-1　人力资本异质性对高新技术企业创新绩效影响的研究思路

结构有两层含义，其一，代表企业人力资本的 3 个层次，从决策层、核心层和基础层人力资本异质性深入刻画企业人力资本异质性；其二，结构体现在每个层次人力资本的特征差异中。

行为一词对于高新技术企业而言，是指各层次人力资源的创新行为，Woodman（1993）、Amabile（1996）指出，创新行为除包含产生创新性想法外，还包含对创新性想法的推动和实施，包括高层决策者为推动创新想法产生所做的构建外部创新关系网络、制定正确的创新战略，还包括营造优质的易于创新的内部环境等，以及促进企业管理创新的行为；核心管理者为推动创新想法产生所做的高效地执行企业组织创新战略、搭建内部沟通协调桥梁，以及促进企业管理创新和技术创新的行为；基层员工的创新行为着重指创新知识的创造、合成和转化，实施创新性的想法，以及促进企业技术创新的行为。

绩效即为企业创新绩效，决策层的思维决策能力、核心层的管理技能和基础层的专业知识的差异，通过影响创新行为，实现企业管理创新、技术创新，进而影响高新技术企业创新绩效提升。

3.2 决策层人力资本异质性对高新技术企业创新绩效的影响

3.2.1 直接影响

企业决策层人力资本特征被认为是高层决策者特殊的经验、价值观念，影响整个团队的创新能力，是决定思维决策能力的重要因素，对企业创新绩效等具有非常重要的作用。企业决策层人力资本组成特征异质性是指组成特征变量的差异程度。学者们（Hambrick and Mason（1984）、张平（2009）、刘阳（2016））从年龄、教育程度、任期、专业背景、社会地位等方面探讨其特征差异程度与企业创新绩效的关系，普遍认为决策层团队的异质性会影响企业的创新绩效。杨波（2017）提出，在诸多人口统计学特征中，研究职能背景异质性对企业创新绩效的影响具有重大意义。

高层决策者作为企业战略决策的主体，只有具备较高的决策能力，才能减少决策失误带来的损失，从而提升整个企业的创新绩效。决策能力的差异由高层决策者所掌握的知识、能力、经验等专业化水平决定；思维决策能力的水平代表着高层决策者更专业的知识技能和更科学的思维方式。他们的知识和经验在很大程度上影响企业内部的战略选择过程。高层决策者的思维决策能力水平对其战略偏好产生重要影响。思维决策能力水平较高的高层决策者善于利用专业化知识做出高水平的创新决策，帮助企业取得创造性的突破，以实现更高的企业价值。因而有理由认为，较高的思维决策能力有利于高层决策者履行监督、建议和重大决策的职能，提高企业管理水平，进而影响企业创新绩效。

首先，思维决策能力的差异说明不同的工作经历、不同的职能类型会让人改变固有的思维模式，价值观变得开放和包容，使短期的不同意见可以通过深度沟通协调达成统一，加快信息传达速度，提高决策效率。其次，高层决策者也会优化工作流程，提升短期的企业绩效，促进企业更加稳定、健康地实现发展目标，提高企业的创新能力。

综上可知，高层决策者的思维决策能力的差异对企业创新绩效起到显著促进作用。较高的异质性，使企业拥有丰富的信息资源，企业的管理更加多元化，模式和方法会有更多的创新与突破，有利于企业创新绩效的提升。据此，提出如下假设。

H1：决策层人力资本异质性对高新技术企业创新绩效的提升具有促进作用。

3.2.2 内部环境优化的中介作用

根据企业人力资本异质性对企业创新绩效影响的理论解析可知，资源依赖理论的核心观点指出，企业的内部组织是一个不断与外部环境进行交互，从而获得发展机会的开放系统。环境是企业发展中不可避免的权变变量。这里结合王敬勇等（2019）给出的决策层人力资本影响创新绩效的内外部机制，提出内部环境优化，具体因子设置参考张海涛（2020）的研究，既包括高层决策者对基层员工的创新行为支持、对创新失败的容忍程度、激励手段的使用，还包括创新资源的合理分配、组织文化及结构的优化等内容。

3.2.2.1 支持员工创新行为

当高层决策者对企业内部核心管理者和基层员工的素养及能力进行准确识别和合理划分后，在合理配置支持创新活动的企业内部的创新资源前提下，支持具备创新能力和有创新意识的员工开展创新活动。对于缺乏创新意识的员工，高层决策者往往将创新能力和创新意识强的员工的开拓精神融入企业组织文化中，通过培养和塑造创新文化来影响员工工作态度与创新行为，进而激发他们的创新意识和潜能。在高层决策者的支持下，负责产品市场开发和新技术研发与引进的员工，能够开拓工作思路，发现更多的市场，发挥员工的创新能力，最大化地利用企业内外部资源与信息，将吸收的创新知识有效地转化成技术产出，从而提升技术创新绩效。因此，可以认为高层决策者的支持对员工开展创新活动起到巨大的激励和支撑作用，促进了企业创新绩效的提升。

3.2.2.2 容忍员工创新失败

创新失败的容忍是指组织赋予核心管理者和基层员工的自主决策权力。组织对基层员工在创新尝试中遭遇失败的宽容态度，是衡量员工创新自由度的一个重要标尺。在推动员工创新活动过程中，高层决策者赋予核心管理者一定的决策灵活性与选择空间。当企业高层展现出对员工创新失败的高度容忍时，能有效减轻员工对失败可能带来的负面后果的忧虑。这样的环境能够鼓励员工勇于提出新颖的想法，并持续地进行实验与修正，即所谓的"试错"。在这样的氛围中，员工能够充分利用被授予的职权，尽情施展他们的创新才华，最终促进创新绩效的提升。

3.2.2.3 使用激励手段

激励手段体现在内部环境优化中，考察企业是否将影响创新绩效的活动过程和成果作为一项考核指标纳入薪酬体系中，是否对成果丰硕、创新能力强的员工进行奖励；当企业完成预先确定的绩效目标时，员工是否有分红；是否实施员工持股计划；是否有灵活的工作日程；是否进行目标管理。实践表明，只有目标明确并具有挑战性，才能有效激励员工的行为。有效激励手段的实施是将企业创新绩效与员工的个人利益相联系，这样才能激发员工开展创新活动的意愿，激励员工将新想法、新思路通过创新活动转变为新产品、新技术，提升企业创新绩效。

3.2.2.4 合理分配创新资源

创新需要打破陈规，意味着时间和资源的计划被占用，由此创新要求组织一定具有弹性。创新需要思考，思考需要时间，创新能力强、创新潜质好的员工被不合理的工作负担限制，影响了创新能力的发挥，由此创新就失去了机遇，创新的构想就无法产生。创新也需要尝试，决策层管理者要给员工提供需要的物质条件和场所。高层决策者应平衡组织内人员配置、任务分工和时间分配。决策层合理的分配能够保证个人及团队有充足的时间与空间以及灵活性进行创新活动，从而为企业产品和技术研发创新绩效的提升提供合理的保障条件。

3.2.2.5　优化组织结构

不合理的组织结构会导致工作效率低下、人力资源的浪费，优化企业组织结构便成为企业发展中必须解决的问题。为此，企业组织架构应尽可能减少层级，提高企业的灵敏度，简化管理决策层级，减少沟通成本。企业高层管理内部存在较多的横向合作关系，每个岗位职责可以灵活调整；企业内部决策高度灵活，员工可以参与决策。

高层决策者人力资本差异程度越高，思维方式越开阔，对核心管理者与基层员工素养及能力就能越准确地识别和合理地划分与分配，从而支持具有创新意识和创新能力的员工开展创新活动。与此同时，在开展创新活动过程中会给核心管理者调整决策的选择权和决定权，也就是对员工创新失败的容忍程度很高。这样可以进一步激发员工的创新才能。可以采取合适的激励机制，激励员工将新想法、新思路通过创新活动转变为新产品、新技术，从而提升企业创新绩效。因此，可以认为内部环境优化对企业创新绩效的提升起到了巨大的支撑作用。本书认为，决策层人力资本异质性对企业创新绩效的影响是间接地通过内部环境优化来发挥作用的，内部环境优化是决策层人力资本异质性对企业创新绩效影响的中介变量，由此，提出以下假设。

H2：决策层人力资本异质性通过内部环境优化的中介作用，促进高新技术企业创新绩效的提升。

3.2.3　外部关系维护能力的调节作用

对于高新技术企业而言，一方面，企业创新绩效受各种外部环境的影响，需要在诸多的外部环境中识别关键性的、有价值的、稀缺的、难以复制的、不可替代的资源，并通过所识别的外部资源进行整合、加工和利用来提高企业内部的创新能力。同时，关键性、异质性、稀缺性的资源还会帮助高新技术企业建立差异化的创新优势，使竞争者难以模仿和复制，最终提升企业创新绩效。另一方面，从组织生态学视角来看，组织的进化往往会受组织惯性和资源专一性的限制。随着高新技术企业组织惯性的逐渐增强，高新技术企业会不断积累成本，并最终形成创新经验。创新经验的累积与丰富为高新技术企业创新行为建立了资源筛选机制，使企业意识到哪些外部资源是对企业创新行为起关键性作用的。高新技术企业通过实质性获取、控制并将这类资源投入企业技术创新活动中，大幅提高了高新技术企业的创新能力水平。王敬勇等（2019）认为，决策层人力资本影响创新绩效的内外部机制，从而提出了外部关系维护能力，包括缔造与政府部门密切联系的社会网络、加强与社会网络个体成员间的合作和交流、最大程度地发掘影响企业创新战略实施的外部资源能力。

3.2.3.1 缔造与政府部门密切联系的社会网络

管理学中的权变理论指出，企业是一个自适应系统，会随着外部环境的变化而发生变化。这就决定了企业所有的外部关系对企业创新绩效有着巨大的影响。外部关系是指高层决策者在缔造企业的社会网络结构中与政府部门或者政府人员有密切联系。其表现为高层决策者或其亲友在政府部门担任行政职务，与政府人员密切接触，并建立密切关系，从而获得潜在的创新资源与信息，早于竞争对手识别创新机会，可以有效获得政府公共政策的支持。常见的政策支持有知识产权保护制度、风险分担机制、政府采购与财政支持政策以及政府管制和服务环境等。从纵向层面观察，高层决策者通过其广泛的社会网络，能够紧密地与政府部门建立联系。这种联系如同桥梁，促进政府的知识、资源、信息及服务顺畅地流入企业内部。这样的互动不仅为企业内部的创新活动提供了肥沃的土壤，还借助政府层面的支持与保障，促进了企业结构、流程与资源使用效率的和谐统一。这种协同作用对新产品的研发和新技术的开发至关重要，使其不仅获得必要的支撑，还得以在市场的舞台上更快地展现自己，迅速转化为企业的经济收益和创新成果，从而推动企业整体绩效的提升。

3.2.3.2　加强与社会网络个体成员间的合作与交流

外部关系维护能力是指高层决策者加强社会关系网络中与其他个体成员之间的合作与交流能力。合作创新的对象既有企业与企业之间的合作，也有企业与高校和科研院所之间的产学研合作。一方面，合作创新可以使企业能够迅速地获取所需要的技术和资源，显著提升企业的灵活性，增强企业应对市场的能力，也为企业提供更好的学习机会，还可以分担创新开发的成本和风险。另一方面，增强了企业高层决策者与高校、科研机构、组织互动和交流，有利于产、学、研联合，同时企业能够吸收学术界的创新知识，提升创新知识维度与理念，实现企业与高校、科研机构等组织共同进行技术开发和合作、知识共享。由此，增强企业与高校、科研院所等组织机构的关系资本的强度，有利于及时、准确地了解市场潜在的创新资源和条件、学习新技术，也便于开展创新活动的企业与要素和资源进行匹配，从而加大创新力度，更好地研发新产品、推广新技术，促进企业创新绩效的提升。

3.2.3.3　发掘影响企业创新战略实施的外部资源

外部关系维护能力还指高层决策者最大化地发掘社会关系网络中所有潜在节点和形成社会关系网络的链条的能力，以及企业能否发掘出嵌在各个局部网络中的资源、信息与创新知识。这些资源与知识影响企业对内外部创新机会感知的敏感度、影响企业实施创新战略的方向和进度，并进一步影响企业对市场中新产品和新技术需求的把握程度。开放性强的企业外部关系更容易使企业识别创新动态、攫取创新资源、吸收创新知识，并将创新知识与企业的创新空间相结合，有效地提升企业创新绩效。

高层决策者利用社会关系网络与政府或其他企业、科研院所、组织团体建立了密切联系，增强了企业间关系资本的强度，便于企业获取稀缺性资源，尤其是有利于创新活动的开展和资源的持续。高新技术企业外部关系维护能力与决策层思维决策能力的交互，都会影响决策层内部环境的优化。在较低的外部关系维护能力条件下，企业获取的外部稀缺资源较匮乏，影响了高层决策者思维能力的发挥，进而影响企业创新战略方向的选择及对新产品和新技术的把握。相反，较高的外部关系维护能力，为高层决策者创新决策能力的有效发挥提供了氛围和土壤。外部关系维护能力的调节，可以使内部环境得到优化，进而促进企业创新绩效的提升。也就是说，外部关系维护能力调节着决策层人力资本异质性与内部环境优化、企业创新绩效之间的关系。由此，根据调节关系位置的不同，具体提出如下假设。

H3：外部关系维护能力正向调节决策层人力资本异质性对企业创新绩效的影响。即外部关系维护能力越强，决策层人力资本异质性对企业创新绩效的正向影响程度越强。

H4：外部关系维护能力正向调节决策层人力资本异质性与内部环境优化的关系。即外部关系维护能力越强，决策层人力资本异质性对内部环境优化的正向影响程度越强。

H5：外部关系维护能力正向调节内部环境优化与企业创新绩效的关系。即外部关系维护能力越强，内部环境优化对企业创新绩效的正向影响程度越强。

H6：外部关系维护能力调节内部环境优化在决策层人力资本异质性和企业创新绩效间的中介作用。即外部关系维护能力越强，决策层人力资本异质性对内部环境优化的正向影响程度越强，进而促进企业创新绩效提升。

基于此，最终建立决策层人力资本异质性对高新技术企业创新绩效影响的机理模型及研究假设，如图3-2所示。

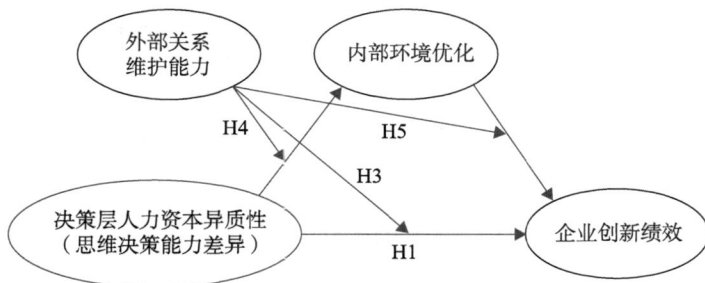

图3-2　决策层人力资本异质性对高新技术企业创新绩效影响的机理模型及研究假设

3.3 核心层人力资本异质性对高新技术企业创新绩效的影响

核心层人力资本是指企业核心管理者所拥有的知识、技能、能力等的总称，核心管理者知识和专业技能是最重要的。罗伯特·卡茨提出了有效的管理者必须具备技术技能、人际技能、概念技能的理论。本书中的核心层人力资本特征是指核心管理者管理技能特征，重点阐明了管理技能特征对企业创新绩效产生影响的内部机理。

核心管理者管理技能分为技术技能、人际技能和概念技能。

（1）技术技能包括掌握专业知识和所从事岗位技能的能力，掌握新产品生产管理流程和技术规范，并能解决技术上的难题。

（2）人际技能主要包括沟通协调能力、所带队伍的管理能力和非权力影响力。非权力影响力是由核心管理者个人的品德修养、情感、意志力和个人的人格魅力决定的，具体表现为在日常的管理工作中，通过人际交往沟通得到他人的尊重、信任和普遍认同。

（3）概念技能是指洞察环境复杂程度并能减少复杂性的能力。它可以分为目标管理能力和开拓创新能力。技术技能、人际技能和概念技能层级是逐渐提高的，并认为拥有人际技能的核心管理者一定掌握技术技能，拥有概念技能的核心管理者一定掌握技术技能和人际技能。核心管理者拥有的管理技能，如图3-3所示。

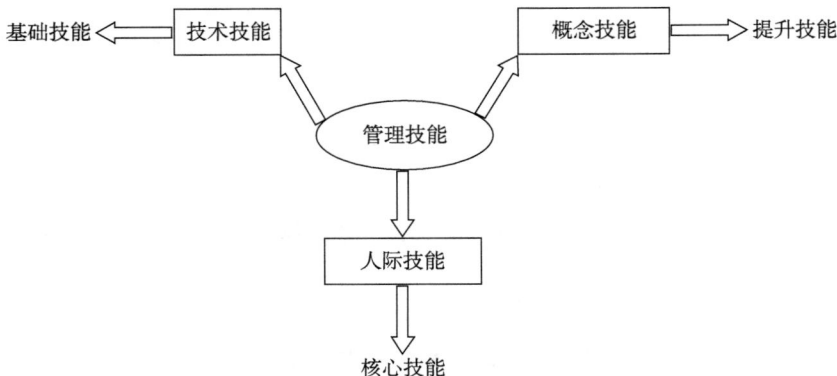

图3-3　核心管理者管理技能

核心层人力资本异质性对高新技术企业创新绩效的影响机理及研究假设从3个方面进行阐述。

（1）核心层人力资本异质性对高新技术企业创新绩效的直接影响。

（2）影响核心层人力资本异质性与高新技术企业创新绩效的中介作用——管理效能的提升。

（3）管理效能的提升对高新技术企业创新绩效的影响受内部环境优化调节作用的影响。

3.3.1　直接影响

根据核心管理者在人力资源管理中下达管理政策以及交流员工的思想动态与需求来看，其具有解读并执行监督管理政策，提出意见与发展需求的双层作用。下面从管理技能特征差异探讨其所拥有的人力资本异质性。核心层的管理技能差异，体现于他们所拥有的技术技能、人际技能和概念技能的差异。核心层管理者拥有多种技术技能就可以利用丰富的专业知识，解决专业领域遇到的各种"卡脖子"技术问题，从而提高生产力，提升生产效益；核心层管理者拥有丰富的人际技能就可以运用有效的沟通技巧，将企业文化、创新战略、高层决策者意图与愿景、企业绩效目标传达给每个员工，使每一位员工将自身的创新意识、价值观与企业整体的创新战略、绩效目标相统一；核心层管理者拥有丰富的概念技能就可以帮助其分析和诊断企业所处的复杂情况，将高层决策者指令根据员工的不同特点，进行科学合理的划分，并随着创新战略和创新环境的变化而进行调整，从而增强解决问题和内部冲突的能力，实现绩效由每个员工向整体的转化。综上所述，核心层人力资本异质性在企业创新绩效提升中扮演着非常重要的角色。

首先，核心管理者所掌握的管理技能异质性能够帮助他们掌握新产品生产管理流程和技术规范，并能解决技术上的难题。其次，较强的沟通协调能力能够使他们在日常的管理工作中通过人际交往得到他人的尊重、信任和普遍认同，激发团队成员的创新热情，产生更多的创新观点和解决措施。最后，拥有洞察环境复杂程度并能减少复杂性的能力，可以帮助核心管理者提高工作效率、决策效率，提升整体管理效能。总之，核心管理者管理技能的异质性有助于提高企业的管理效能，进而提升企业创新绩效。由此，提出如下假设。

H7：核心层人力资本异质性对高新技术企业创新绩效的提升具有促进作用。

3.3.2 管理效能提升的中介作用

核心管理者是企业管理群体的一个组成部分，处于执行管理活动的最前沿，在组织整体目标的实现这一整个过程中，扮演着关键角色。所谓管理效能，是指核心管理者执行人力资源管理实践的生产力。具体是指在规定的环境条件下和规定的时间内，对核心管理者完成人力资源管理实践程度的度量。它是核心管理者的能力、可信赖性和适应性的函数，是成功或失败的关键要素。核心管理者的整体能力体现在执行人力资源管理胜任力方面，包括核心管理者所拥有的技能、知识、参与期望、行为整合力等；适应性是指核心管理者执行人力资源管理时所处的状态、负荷能力、自我认知等；可信赖性是指核心管理者执行管理任务过程中所处环境状态的度量，包括规则与制度、企业文化、人力资源部门的支持和培训等。提升核心管理者管理效能的路径包括报酬与绩效、晋升机会、岗位技能培训机会、招聘程序和绩效评估系统5个方面。核心管理者报酬直接与工作绩效相关，能够最大限度地满足其想要的晋升机会；企业提供更多参加岗位技能培训、管理技能培训的机会；人力资源管理方面有规范的招聘程序，能够很容易招聘到符合岗位要求的人；绩效评估系统能够评估基层员工的优势和弱势。

一方面，核心层人力资本特征与管理效能提升之间存在显著的相关关系。核心管理者缺少相关的知识和技能会在执行人力资源活动中表现不尽人意。Wiersemam（1992）、Smith（1994）指出，核心管理者自身的认知能力、技巧和个人的教育水平与应变能力、信息处理能力、组织沟通协调能力存在正向相关。刘向阳（2015）认为，核心管理者需要针对与人力资源管理活动方面相关的知识和技能进行培训。其对管理效能提升的优化具有非常重要的影响。核心管理者知识和技能的多样性，更能促进疑难问题的解决，创新工作，提升团队的管理效能。

另一方面，核心管理者密切参与企业内部管理活动，担负着企业内部信息的上下沟通，并需持续地指导员工，帮助员工不断达到更高的绩效水平。Diaz-Fernandez（2017）指出，庞大的核心管理者是否能够有效执行人力资源管理实践对人力资源管理效能有着重要影响。Huselid（1995）认为，人力资源管理的高效能可以通过员工技能、激励、工作组织3个方面达到增进组织绩效的效果。张正堂（2006）通过实证，认为人力资源管理效能是人力资源管理影响企业绩效的中介变量。综上可知，核心层管理团队所掌握的管理技能异质性能够直接影响团队的管理效能提升。高效能的核心管理者必须具备全方位的创新能力和学习能力，并且与企业所制定的创新战略相匹配。核心管理者具有明确清晰的角色定位，与企业运作的协调与和谐程度达到高度一致，才可以形成沟通、决策参与、合作默契的高效率管理团队，进而有效提升核心管理者的管理效能，最大限度地提升企业管理创新绩效。在其他条件不变的情况下，核心层人力资本异质性能够通过影响管理效能的提升进而影响高新技术企业创新绩效的提升。由此，提出如下假设。

H8：管理效能提升是核心层人力资本异质性促进高新技术企业创新绩效提升的中介变量。

3.3.3　内部环境优化的调节作用

核心层人力资本异质性对高新技术企业绩效影响仅考虑管理效能提升的中介作用是不够的，还需要充分考虑调节变量的作用。苏敬勤（2013）指出，核心管理者与人力资源部门的合作是提升管理效能和实现企业创新绩效提升的必要路径。核心管理者在人力资源管理实践中扮演着非常重要的角色。因为只有核心管理者最了解其部门的工作，了解组织目标，了解员工需求，了解周围环境。组织中，核心管理者执行人力资源管理活动与人力资源管理活动的有效性密切相关。核心管理者在执行人力资源管理活动的过程中需要上层管理者的支持与帮助。

高层决策者的支持能够影响核心管理者参与人力资源管理工作的期望和胜任力。高层决策者支持具备创新能力和创新意识的员工开展创新活动，并合理配置企业内的创新资源支持创新活动。工作中赋予核心管理者的自主决策权，体现的是高层决策者对员工创新失败的容忍程度。这样可以激励员工大胆提出新想法以及不断进行试错。在这个过程中，员工可以运用自身被授予的权力发挥创新才能，进而提升高新技术企业创新绩效。企业将影响创新绩效的活动过程和成果作为一项考核指标纳入薪酬体系，激发核心管理者开展创新活动的意愿，激励核心管理者将新想法、新思路通过创新活动转变为新产品、新技术，从而提升高新技术企业创新绩效。高层决策者应平衡组织内人员配置、任务分工和时间分配，这样不仅能够帮助核心管理者有效利用时间，甚至是节省时间，而且为产品和技术创新绩效提供合理的保障。核心管理者需要相关的建议和指导，使他们清楚如何执行人力资源实践。高层决策者帮助核心管理者解决人员管理的问题，建议他们使用正确的方法和程序或分享交流实践经验，能够使核心管理者有效履行其人力资源角色。没有高层决策者的支持，核心管理者不能获得足够的胜任力，无法有效执行基层员工的管理工作。可见，高层决策者在核心管理者参与人力资源管理的政策和程序制定上也担任着重要角色。由此，可以认为决策层内部环境优化在管理效能的提升对企业创新绩效的影响过程中发挥着重要的调节作用。

上层领导在对创新活动的支持力度，赋予下属的自主决策权，企业内部的激励机制，组织内人员配置、任务分工和时间的分配，调节核心管理者完成人力资源管理实践活动效能，内部环境优化，以及核心管理者参与人力资源管理的政策和程序制定上扮演着重要角色。决策层内部环境优化与管理技能的交互作用越强，越能影响核心管理者参与人力资源管理工作的期望和胜任力，帮助核心管理者有效利用时间，促进核心管理者在行使人力资源管理实践时，更好地发挥管理技能差异的优势。反之，决策层内部环境优化与管理技能的交互作用越弱，越不利于核心管理者发挥管理技能的优势，也不利于核心管理效能的提升。根据调节关系位置的不同，具体提出如下假设。

H9：内部环境优化在核心层人力资本异质性对企业创新绩效的影响中起调节作用。

H10：内部环境优化在核心层人力资本异质性对管理效能提升的影响中起调节作用。

H11：内部环境优化正向调节管理效能提升在核心层人力资本异质性和企业创新绩效间的中介作用。即内部环境优化水平越高，核心层人力资本异质性对管理效能提升的正向影响程度越强，进而促进企业创新绩效提升。

综合考虑以上理论，最终建立核心层人力资本异质性对高新技术企业创新绩效影响的机理模型及研究假设，如图3-4所示。

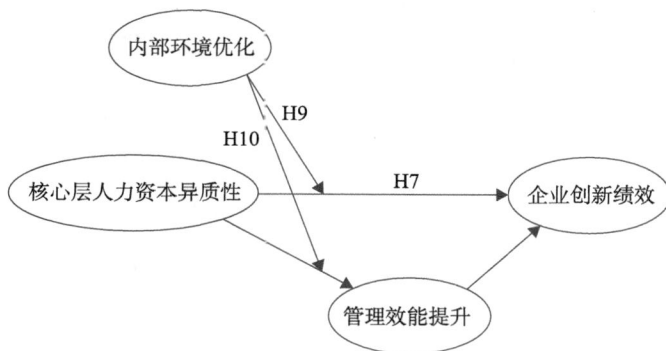

图3-4　核心层人力资本异质性对高新技术企业创新绩效影响的机理模型及研究假设

3.4　基础层人力资本异质性对高新技术企业创新绩效的影响

　　高新技术企业是知识密集型企业。企业的基层员工是直接参与创新活动的主体。基层员工人力资本是通过接受教育或培训而逐渐获得的知识、技能与社会认知的能力，即除自身教育、知识技能外，还可以通过"干中学"达到人力资本积累的目的。这里的基础层人力资本如前文所述，主要考察基层员工执行任务的知识性，其具有价值性和独特性高的特点，基于知识转换能力和知识创造过程实现人力资本异质性向企业创新绩效的转变，实现这一过程可以帮助企业提升创新绩效，赢得核心竞争优势。本节将深入探讨基层员工所拥有的任务执行知识属性的差异程度对高新技术企业创新绩效的影响机理及过程。

3.4.1　直接影响

　　知识异质性最早由Amabile（1996）提出。他认为员工之间的差异主要来自他们所拥有的知识和经验。知识基础观认为，员工知识的差异可以弥补自身认知有限的困境，在复杂的创新环境下，不仅能够帮助企业将不同主体异质性知识资源进行整合，形成新的创新想法，也有利于企业创新绩效的提升。从信息决策理论视角来看，基层员工知识的异质性，会提高企业掌握知识的多样性，促进企业形成更大的知识域，并且提供更多的观点，增加企业认知资源。一方面，员工间知识背景越丰富，越有利于弥补员工自身的知识缺口，促进员工间知识的融合与重组。企业也会通过现有知识进行优化、共享、融合与重组，产生推动产品创新活动所需要的新知识，拓展新技术、新产品创新来源渠道，提升高新技术企业创新绩效。另一方面，员工间知识的异质性，可以促进知识的激活与运用。知识的激活是对融合、重组的新知识的再利用，有利于实现企业内外部环境的适配，有效探索和获取新知识，扩大产品创新知识储备，促进企业创新绩效稳步增长，提升企业核心竞争力。由此，从信息决策理论视角来看，基础层知识的异质性可以促进企业创新绩效的提升，但其具体的作用过程机制还会受相关变量的影响。基础层人力资本异质性为组织内的知识创造提供了复杂的知识来源。其员工通过各自不同的专长、不同的知识背景以及相辅相成的技能和能力，不断获取新的知识，并能随着环境的改变更好地应用这些知识，促进知识由社会化向外化、整合化和内化的良性循环转化，促进知识的吸收与整合，实现对现有知识的维持与激活，促进新产品和新工艺的产生，进而有利于提升整个企业的创新绩效。由此，提出以下假设。

H12：基础层人力资本异质性对高新技术企业创新绩效的提升具有促进作用。

3.4.2 知识创造的中介作用

基层员工人力资本具有价值高和独特性强的特点，企业对这类人群知识的管理是持续的、动态的知识创造的过程。在这一过程中，个体可以通过抑制以往学习或积累的约束，借助自身的优势，不断获得新的创新思维和创新知识，创造性地应用新知识去解决实际中的问题。组织知识创造源于个体价值的独特性与组织中其他成员融合的过程。Nonaka 和 Takeuchi（1995）认为，企业的知识分为隐性知识和显性知识两类，在企业的创新活动中，隐性知识和显性知识两者之间互相作用，互相转化，而且知识转化的过程就是组织知识创造的过程。组织知识创造有4种基本模式，即社会化、外化、整合化和内化（SECI循环）。社会化（S）是指将个体多样的、差异的隐性知识通过共享经历建立隐性知识的过程。这一过程通过观察、模仿和实践的方式完成。外化（E）是指隐性知识向显性知识的转化。这也是知识创造过程至关重要的环节。它是将隐性知识用显性化的概念或语言清晰表达的过程。其通过隐喻、类比、概念和模型的方式完成转化。整合化（C）又称组合化，是指显性知识与显性知识的整合。这个过程是通过各种媒体产生的语言或数学符号将各种显性概念整合化和系统化的过程。内化（I）即将显性知识转化为隐性知识的过程，是一个将显性知识形象化和具体化的过程。其通过整合、汇总产生新的显性知识，并被组织内部员工吸收、消化，升华为组织内部的隐性知识。以上4种基本模式密不可分，缺一不可。这一过程与企业的知识存量、创新投入和融合水平密切相关。

基础层人力资本异质性主要表现在，员工各自的专长差别、员工有各种不同的知识背景、员工拥有相辅相成的技能和能力3个方面。企业对异质性的知识管理需要实施持续的、动态的知识创造过程。这个过程需要克服一系列以往的约束和限制，借助自身的专用性特征，不断获取新知识，创造性地应用这些新知识去解决实际问题，并且能够将个体的知识创造与组织中整体的知识创造紧密相连。人力资本知识异质性为企业的知识创造提供了复杂的知识来源。组织的知识系统的复杂性是企业创新的先决条件。在实践中，知识创造的中介作用体现在员工个人高价值、高独特性的隐性知识通过共享化、概念化、系统化，在整个企业内部进行传播，被组织内部所有员工吸收和升华，且利用现有知识聚集成新的知识资产，从而实现企业创新。基于以上分析，知识创造在基础层人力资本异质性与企业创新绩效中起着中介作用。由此提出如下假设。

H13：基础层人力资本异质性通过知识创造的中介作用促进高新技术企业

创新绩效的提升。

3.4.3 知识转换能力的调节作用

知识转换能力是企业知识管理的关键。企业内的员工是知识获取、运用和创新的决定性因素，是知识转换能力的主宰者。Nonaka 和 Takeuchi（1995）同样认为，企业知识转换能力与知识创造能力相对应，要实现组织内外部知识的转换，就要实现内隐和外显的知识转换。其中，包括社会化能力、整合化能力、内化能力和外化能力4种能力。这4种能力是螺旋式上升的过程。这一过程也充分体现了组织内部的知识转换能力是怎样通过员工个体的知识转化而来的。Malm（2017）认为，知识转换是指员工在组织内将有利的知识转换成产出或者想法，以完成组织目标的行为。在知识背景下，知识转换成功是有助于企业发展的关键因素。所以，知识转换能力对于任何企业而言都是一种关键性的能力，也是组织整合知识、实现知识创新的关键。企业若能提高其知识转换能力，则对于实现企业目标、提高企业创新绩效必有所助益。也就是说，企业所具备的知识转换能力贯穿异质性人力资本转变为企业实际创新能力的全过程。

企业所具备的知识转换能力贯穿人力资本异质性转换为企业实际创新绩效的全过程，抛开人力资本异质性单纯去谈企业知识转换能力是不科学的。首先，基础层人力资本知识异质性需要个体内部知识的整合和外部知识的引入。外部知识的引入需要由外而内的知识转换能力来实现，最终需要组织将外部的显性知识和个体的隐性知识进行知识转换而形成新知识，进而提升企业整体的创新绩效。因此，知识转换能力与基础层人力资本异质性交互作用越强，越能丰富基础层技术员工所掌握的知识资源，促进新的创新思维和创新知识的产生；反之，两者交互作用越弱，基础层技术员工所掌握的知识难以得到整合，外部知识也无法有效地引入，限制了高新技术企业内部创新思维、创新知识的产生。也就是说，知识转换能力调节了基础层人力资本知识异质性与知识创造间的关系。其次，只有通过知识转换能力才能将组织创造的新知识实现为预期的企业创新绩效。也就是说，知识转换能力与知识创造交互作用越强，越能促进企业内部知识的共享、整合与创造，从而促进企业创新绩效的提升；反之，两者的交互作用越弱，有利于企业创新绩效提升的知识越难以得到整合，越不利于创新知识的加工与强化，从而限制企业创新绩效的提升。由此，提出如下假设。

H14：知识转换能力在基础层人力资本异质性与知识创造间起调节作用。

H15：知识转换能力在知识创造与高新技术企业创新绩效间起调节作用。

H16：知识转换能力调节知识创造在基础层人力资本异质性和企业创新绩效间的中介作用。

综合考虑以上理论，最终建立基础层人力资本异质性对高新技术企业创新绩效影响的机理模型及研究假设，如图3-5所示。

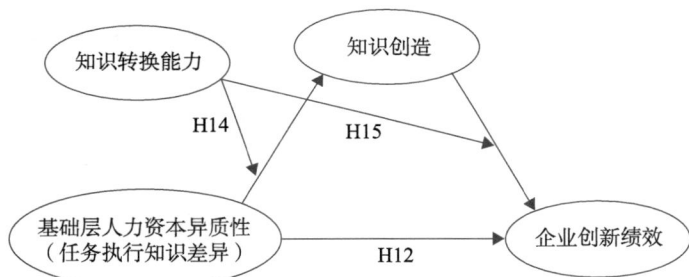

图3-5　基础层人力资本异质性对高新技术企业创新绩效影响的机理模型及研究假设

3.5　人力资本异质性对高新技术企业创新绩效影响的机理模型

3个层次的人力资本异质性，即决策层思维决策能力差异、核心层管理技能差异、基础层任务执行知识差异，通过不同的创新行为，即决策层内部环境优化和外部关系维护能力、核心层管理效能提升和基础层知识创造与转换能力来影响高新技术企业创新绩效。由此，本书构建出人力资本异质性影响高新技术企业创新绩效的机理模型，如图3-6所示。

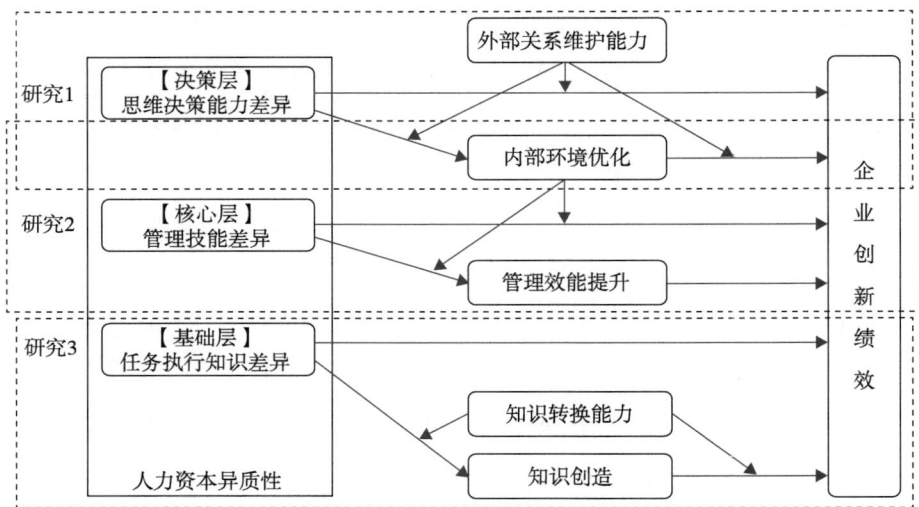

图3-6　人力资本异质性对高新技术企业创新绩效的影响机理模型及研究假设

决策层人力资本异质性考察的是思维决策能力差异。根据资源依赖理论的核心观点，企业的内部组织不断与外部环境进行交互，环境是企业发展中不可避免的权变变量，从而引入内部环境优化和外部关系维护能力两个变量，进一步探讨内部环境优化和外部关系维护能力在决策层人力资本对创新绩效的影响中发挥的中介作用与调节效应。针对核心层人力资本异质性，从管理技能差异入手，核心层人力资本异质性通过管理效能提升的中介作用影响企业创新绩效，在这一过程中决策层内部环境优化起调节作用。基础层人力资本异质性从执行任务知识差异性出发，引入了知识创造和知识转换能力两个变量，从而研究基础层人力资本异质性通过知识创造的中介作用及知识转换能力的调节作用来影响企业创新绩效。

本书提出的决策层、核心层和基础层人力资本异质性对高新技术企业创新绩效影响的16个研究假设，如表3-1所示。

表3-1 本书的研究假设

层级	假设
决策层	H1：决策层人力资本异质性对高新技术企业创新绩效的提升具有促进作用
	H2：决策层人力资本异质性通过内部环境优化的中介作用，促进高新技术企业创新绩效的提升
	H3：外部关系维护能力正向调节决策层人力资本异质性对企业创新绩效的影响
	H4：外部关系维护能力正向调节决策层人力资本异质性与内部环境优化的关系
	H5：外部关系维护能力正向调节内部环境优化与企业创新绩效的关系
	H6：外部关系维护能力调节内部环境优化在决策层人力资本异质性和企业创新绩效间的中介作用
核心层	H7：核心层人力资本异质性对高新技术企业创新绩效的提升具有促进作用
	H8：管理效能提升是核心层人力资本异质性促进高新技术企业创新绩效提升的中介变量
	H9：内部环境优化在核心层人力资本异质性对企业创新绩效的影响中起调节作用
	H10：内部环境优化在核心层人力资本异质性对管理效能提升的影响中起调节作用
	H11：内部环境优化正向调节管理效能提升在核心层人力资本异质性和企业创新绩效间的中介作用
基础层	H12：基础层人力资本异质性对高新技术企业创新绩效的提升具有促进作用
	H13：基础层人力资本异质性通过知识创造的中介作用促进高新技术企业创新绩效的提升
	H14：知识转换能力在基础层人力资本异质性与知识创造间起调节作用
	H15：知识转换能力在知识创造与高新技术企业创新绩效间起调节作用
	H16：知识转换能力调节知识创造在基础层人力资本异质性和企业创新绩效间的中介作用

第4章

人力资本异质性对高新技术企业创新绩效影响的实验研究

随着管理学、心理学及教育学领域对因果关系研究提出更加严谨的要求，情境实验已经成为国际组织行为学揭示因果关系的前沿研究方法。情境实验是一种能够同时操纵各种因子及其水平，以验证单个因子对受访者判断的影响的研究设计。情境实验是研究者通过向受访者提供精心设计和接近现实的情境，评估意图、态度和行为等因变量，从而增强实验的真实性并允许研究者操纵和控制自变量。它具有如下优势：第一，充分验证变量之间的因果关系；实验设计作为揭示变量之间因果关系的核心研究方法，因果论证力度强。第二，相对于实验室实验或实地实验，情境实验是将实验法与调查研究的优势整合，操作相对简单。研究中应更多使用情境实验深化因果关系，并注重将情境实验与实地研究、追踪研究以及其他实验法等研究方法相结合，以提高研究结果的准确性。

由此，本章首先从静态效应分析角度，采用情境实验和问卷调查交叉验证的方法对人力资本异质性促进高新技术企业创新绩效提升的作用机理进行实证检验。这两种研究方法保证了检验结果的稳健性。然后将人力资本异质性对高新技术企业创新绩效影响的作用机理转化为系统动力学模型，进一步提高实证结果的解释力和可推广性。

4.1　实验设计

我们可以从创新行为的视角来验证人力资本异质性对企业创新绩效的影响，因为人力资本异质性在日常生活中并不是很容易进行识别的，但情境实验可以获得很多自然条件下难以遇到的情境，同时可以准确控制其他干扰因素对因变量的影响。因此，采用情境实验的方法来验证机理假设。本章仍然分为3部分进行，分别针对决策层、核心层和基础层人力资本异质性，运用情境实验的方法，设计2（决策层人力资本异质性高vs低）×2（外部关系维护能力强vs弱）4个情境、2（核心层人力资本异质性高vs低）×2（内部环境优化程度高vs低）4个情境、2（基础层人力资本异质性高vs低）×2（知识转换能力强vs弱）4个情境，共计12个情境验证模型。

4.2 决策层人力资本异质性对高新技术企业创新绩效 影响的机理检验

决策层人力资本异质性对高新技术企业创新绩效影响机理模型如图3-2所示。本节通过实验研究检验如下6个假设是否成立。

H1：决策层人力资本异质性对高新技术企业创新绩效的提升具有促进作用。

H2：决策层人力资本异质性通过内部环境优化的中介作用，促进高新技术企业创新绩效的提升。

H3：外部关系维护能力正向调节决策层人力资本异质性对企业创新绩效的影响。即外部关系维护能力越强，决策层人力资本异质性对企业创新绩效的正向影响程度越强。

H4：外部关系维护能力正向调节决策层人力资本异质性与内部环境优化的关系。即外部关系维护能力越强，决策层人力资本异质性对内部环境优化的正向影响程度越强。

H5：外部关系维护能力正向调节内部环境优化与企业创新绩效的关系。即外部关系维护能力越强，内部环境优化对企业创新绩效的正向影响程度越强。

H6：外部关系维护能力调节内部环境优化在决策层人力资本异质性和企

业创新绩效间的中介作用。即外部关系维护能力越强，决策层人力资本异质性对内部环境优化的正向影响程度越强，进而促进企业创新绩效提升。

实验中，被操纵的变量为决策层人力资本异质性（高 vs 低），外部关系维护能力（高 vs 低）。采用 2×2 分组实验设计；即通过一个 2（决策层人力资本异质性：高 vs 低）×2（外部关系维护能力：强 vs 弱）分组进行实验。通过分组后的实验结果，考察不同外部关系维护能力情境下，不同决策层人力资本异质性对企业创新绩效、内部环境优化以及内部环境优化对企业创新绩效的影响是否存在差异。基于 Cohen（1977）中的计算方式和冯文婷（2022）相关研究的中等效应值（effect size f= 0.25）及期望功效值（power = 0.80），采用 G*Power 3.1 软件，计算样本量为 179 人以上，每组至少招募 45 人。

4.2.1 实验材料

4.2.1.1 情境材料设计

根据模型，设计了决策层人力资本异质性（高 vs 低）× 外部关系维护能力（强 vs 弱）的组间情境实验。被试者随机被分配到 4 种情境中的一种。这 4 种情境分别为（决策层人力资本异质性高）×（外部关系维护能力强）、（决策层人力资本异质性高）×（外部关系维护能力弱）、（决策层人力资本异质性低）×（外部关系维护能力强）和（决策层人力资本异质性低）×（外部关系维护能力弱）。借鉴 Yam（2017）回忆范式和第 2 章人力资本异质性量表开发的研究结果，构成决策层人力资本异质性的操纵，详见附录 3。具体来说，从核心管理者视角模拟决策层人力资本异质性的方法来验证假设。

实验组（高）读到以下脚本：小张作为企业的核心管理者，根据以往的日常工作情况，回忆道，企业高层决策者在决策能力、创新能力和学习能力方面差异程度很大。高层决策者最高学历有中专学历，也有研究生学历；他们的洞察力及对事物未来的估计和推测能力差异很大；有的领导不愿意创新，不愿意接受新鲜事物，由此，高层决策者间认识分析复杂问题并做出正确创新战略选择的能力差异很大；他们的创新信息整合能力和独立思维能力、发掘新的创新点和商机的能力差异也很大。

控制组（低）读到以下脚本：企业高层决策者人力资本异质性很低。小张作为企业的核心管理者，根据以往的日常工作情况回忆企业高层决策者决策能力、创新能力和学习能力差异程度。被试者回忆道，企业高层决策者最高学历差异不大；发掘新的创新点和商机的能力差异不大；根据企业文化和核心价值做出有洞察力的判断的能力差异不大；对事物的未来进行预先的估计和推测能力差异不大；认识分析复杂问题并做出正确创新战略选择的能力差异不大；创新信息整合能力和独立思维能力差异不大。

对于外部关系维护能力的操纵脚本，参考 Hannes 和 Klyver（2010）、王敬勇等（2019）的研究，实验组是强外部关系维护能力，控制组是弱外部关系维护能力。

实验组（强）的操作脚本是：高层决策者外部关系维护能力很强。企业的高层决策者缔造与政府部门密切联系的社会网络能力很强、与社会网络个体成员间的合作与交流能力很强、发掘影响企业创新战略实施的外部资源能力很强。根据以往的日常工作情况，小张回忆道，高层决策者外部关系维护能力很强。企业高层决策者与政府部门联系很紧密，企业经常接待政府相关部门工作人员莅临指导工作；企业高层决策者与社会网络中其他个体成员之间的合作与交流能力很强，经常组织本部门核心管理者与技术员工到本行业优质企业进行交流与学习；企业高层决策者善于发掘影响企业创新战略实施的外部资源。

控制组（弱）的操作脚本是：高层决策者外部关系维护能力不强。小张作为企业的核心管理者，回忆道，高层决策者过去的工作中未在政府部门担任过任何行政职务，与政府人员接触也不多；在社会关系网络中与其他个体成员之间合作与交流机会不多；发掘社会关系网络中各个局部网络中的资源、信息与创新知识的能力不强。

4.2.1.2 情境材料操纵

对决策层人力资本异质性（高 vs 低）与外部关系维护能力（强 vs 弱）进行操纵实验预实验，以确认实验的操纵有效性。预实验共获得55份有效研究样本。其中，男性38名占69.1%，女性17名占30.9%。年龄在25岁以下1名，占1.8%；25～35岁14名，占25.5%；35～45岁28名，占50.9%；45～55岁12名，占21.8%。

首先，对决策层人力资本异质性的操纵有效性进行检验（见表4-1）。对两独立样本 t 检验，结果显示：$M_{低决策}=2.637$，$M_{高决策}=3.552$，$t=-6.191$，$P<0.001$，$Cohen's\ d=-1.701$。这表明，决策层人力资本异质性类型在决策层人力资本异质性感知上存在显著差异。

其次，对不同外部关系维护能力组间决策层人力资本异质性的操纵有效性进行检验。$M_{弱维护低决策}=2.667$，$M_{弱维护高决策}=3.385$，$t=-4.158$，$P<0.001$，$Cohen's\ d=-1.609$；$M_{强维护低决策}=2.609$，$M_{强维护高决策}=3.773$，$t=-4.815$，$P<0.001$，$Cohen's\ d=-1.971$。即在不同外部关系维护能力组间，不同决策层人力资本异质性类型实验亚组间均存在显著差异。因此，表明本书对决策层人力资本异质性操纵成功。

表4-1　决策层人力资本异质性操纵有效性检验结果

外部关系维护能力类别	决策层人力资本类型	样本量（人）	均值	标准差	T统计量	P值	Cohens'd
总计	低决策	27	2.637	0.545	-6.191	0.000	-1.701
	高决策	28	3.552	0.551			
弱维护	低决策	13	2.667	0.464	-4.158	0.000	-1.609
	高决策	16	3.385	0.462			
强维护	低决策	14	2.609	0.627	-4.815	0.000	-1.971
	高决策	12	3.773	0.600			

最后，对外部关系维护能力的操纵有效性进行检验（见表4-2）。对两份独立样本进行t检验，结果显示：$M_{弱维护}=2.638$，$M_{强维护}=3.683$，$t=-5.548$，

$P<0.001$，$Cohen's\ d=-1.526$。这表明，不同外部关系维护能力在外部关系维护能力感知上存在显著差异；进一步对不同决策层人力资本异质性亚组间外部关系维护能力的操纵有效性进行检验：$M_{低决策弱维护}=2.500$，$M_{低决策强维护}=3.661$，$t=-3.998$，$P<0.001$，$Cohen's\ d=-1.600$；$M_{高决策弱维护}=2.750$，$M_{高决策强维护}=3.708$，$t=-3.840$，$P<0.001$，$Cohen's\ d=-1.522$。即在不同决策层人力资本异质性组间，不同外部关系维护能力实验亚组间均存在显著差异。因此，表明本书对外部关系维护能力操纵成功。

表4-2　外部关系维护能力操纵有效性检验结果

决策层人力资本差异类型	外部关系维护能力类别	样本量	均值	标准差	T统计量	P值	$Cohens'd$
总计	弱维护	29	2.638	0.650	−5.548	0.000	−1.526
	强维护	26	3.683	0.747			
低决策	弱维护	13	2.500	0.707	−3.998	0.000	−1.600
	强维护	14	3.661	0.794			
高决策	弱维护	16	2.750	0.599	−3.840	0.001	−1.522
	强维护	12	3.708	0.722			

4.2.1.3 变量测量

（1）决策层人力资本异质性。根据第2章人力资本异质性量表开发的研究结果，决策层人力资本异质性即指高层决策者思维决策能力差异，具体如表4-3所示。

表4-3　决策层人力资本异质性测量量表

维度	编号	题意
决策层人力资本异质性——思维决策能力差异	DDMA1	高层决策者根据企业文化和核心价值做出有洞察力的判断的能力差异
	DDMA2	高层决策者对事物的未来进行预先的估计和推测的能力差异
	DDMA3	高层决策者具有的胆识差异

续　表

维度	编号	题意
决策层人力资本异质性——思维决策能力差异	DIC1	高层决策者认识分析复杂问题，并做出正确创新战略选择的能力差异
	DIC2	高层决策者创新信息整合能力和独立思维的能力差异
	DIC3	高层决策者发掘新的创新点和商机的能力差异
	DLA1	高层决策者的学历差异
	DLA2	企业高层决策者的年龄差异
	DLA3	高层决策者的任期差异
	DLA4	高层决策者的职能背景差异

资料来源：作者研究整理。

（2）内部环境优化。参考Collons和Clark（2003）、王敬勇等（2019）、张海涛（2020）的研究，决策层内部环境优化测量如表4-4所示。

表4-4　内部环境优化测量量表

维度	编号	题意
管理支持	MS1	企业鼓励员工开展创新型的创新活动
	MS2	企业对进行创新型活动的个人或团队都会给予充分的独立行动自由
	MS3	企业支持员工尝试小规模的创新项目，尽管有些项目很可能会不成功
资源支持	RSS1	企业总是能及时满足员工创新所提出的资源要求
	RSS2	企业的员工通常能获得创新型活动所需的各种相关信息和资料
	RSS3	企业能提供员工创新知识和技能的培训机会
报酬支持	RWS1	企业会对成功完成创新项目的员工提供额外报酬
	RWS2	企业总是把内部创新成功的员工作为正面宣传典型
	RWS3	企业对开展创新项目的员工提供一定奖励，即使创新项目有可能失败
组织文化	OC1	企业注重企业内部的知识产权保护
	OC2	企业鼓励员工冒险和容许失败
	OC3	企业崇尚自由开放和创新变革
组织结构	OS1	企业内部存在较多的横向合作关系
	OS2	企业每个岗位职责可以灵活调整
	OS3	企业决策高度灵活，员工可以参与决策

资料来源：作者研究整理。

（3）外部关系维护能力。从高层决策者在正式或非正式的组织或团体中担任重要角色，与社会网络中其他个体成员交流、联系来往紧密，与社会网络中科研机构、组织团体交流、联系来往紧密，对实施创新战略的方向和进度把握程度方面设置量表题项。参考Hannes 和Klyver（2010）、王敬勇等（2019）的研究，决策层外部关系维护能力测量如表4-5所示。

表4-5　外部关系维护能力测量量表

维度	编号	题意
关系维护	ERMC1	高层决策者在正式或非正式的组织或团体中担任重要角色
	ERMC2	高层决策者与社会网络中其他个体成员交流、联系来往紧密
	ERMC3	高层决策者与社会网络中科研机构、组织团体交流、联系来往紧密
	ERMC4	高层决策者对实施创新战略的方向和进度把握程度很高

资料来源：作者研究整理。

（4）企业创新绩效。企业管理创新绩效的测量采用刘立波开发的研究量表，从市场绩效和流程绩效两个角度出发，设置企业市场发展潜力更强、发展环境更好，企业人力资源管理、领导、控制效率更高，企业财务管理效率更高3个测量题项。企业技术创新绩效采用Bell开发的研究量表，包括经济创新的产品创新绩效与技术创新的工艺创新绩效两个维度，即新产品开发的成功率更高、质量更好，企业新产品销售额占总销售额的比重更大，企业在开发和投放新产品的数量与种类更多、速度方面更快、专利数量更多3个题项。

综上所述，参考刘立波（2014）、Bell（2005）、李柏洲和曾经纬（2021）等的研究，提出企业创新绩效测量如表4-6所示。

表4-6　企业创新绩效测量量表

变量	编号	题项
管理创新绩效	MIP1	企业市场发展潜力更强、发展环境更好
	MIP2	企业人力资源管理、领导、控制效率更高
	MIP3	企业财务管理效率更高

变量	编号	题项
技术创新绩效	TIP1	新产品开发的成功率更高、质量更好
	TIP2	企业新产品销售额占总销售额的比重更大
	TIP3	企业在开发和投放新产品的数量与种类更多、速度方面更快、专利数量更多

资料来源：作者研究整理。

4.2.1.4　实验样本和过程

本书研究以北京、黑龙江两地两所高校MBA学员作为被试者。这些学员具有丰富的工作经验，因此对于情境所描述的状况有切身体会。情境实验通过现场填答和网络调查的方式进行，共发放420份问卷，回收396份问卷。剔除无效问卷，最终有效样本为254份，有效回收率为64%。样本的构成情况为：男性为164人，女性为90人；在年龄构成方面，85.2%的被试者集中在26～40岁之间；在工作年限方面，占比最大的两大类分别为42.6%的被试者工龄为5～10年，31.1%的被试者工龄为10年以上；在职位等级方面，57.5%属于低层管理者，42.5%属于中层管理者。这4种情境最终有效人数分别为："决策层人力资本异质性高、外部关系维护能力强"的有73人；"决策层人力资本异质性高、外部关系维护能力弱"的有60人；"决策层人力资本异质性低、外部关系维护能力强"的有57人；"决策层人力资本异质性低、外部关系维护能力弱"的有64人。

在实验开始前，研究者首先向被试者说明实验不会涉及个人隐私，内容只用于学术研究分析，并且获得的全部内容也绝对保密，不会对本人及企业产生任何影响。其次向被试者说明"什么是人力资本？什么是决策层人力资本异质性？"等内容。最后将实验材料发放给被试者，被试者阅读完决策层人力资本异质性和外部关系维护能力的操纵脚本后，通过反应量表分别检查决策层人力资本异质性和外部关系维护能力是否操纵成功。其中，决策层人力资本异质性的操作检验是，询问被试者"您所在企业高层决策者根据企业文化和核心价值做出有洞察力的判断的能力差异程度、您所在企业高层决策者对事物的未来进行预先的估计和推测能力差异程度、您所在企业高层决策者具有的胆识差异程度、您所在企业高层决策者认识分析复杂问题并做出正确创新战略选择的能力差异程度、您所在企业高层决策者创新信息整合能力和独立思维能力差异程度、您所在企业高层决策者发掘新的创新点和商机的能力差异程度、您所在企业高层决策者的学历差异程度、您所在企业高层决策者的年龄差异程度、您所在企业高层决策者的任期差异程度、您所在企业高层决策者的职能背景差异程度"（1=非常不同意，5=非常同意）。外部关系维护能力的操作检验是，询问被试者"您所在企业高层决策者与社会网络中其他个体成员联系来往紧密程度如何？""您所在企业高层决策者与社会网络中其他科研机构、组织团队交流、联系来往紧密程度如何？""您所在企业高层决策者对实施创新战略的方向和进度把握能力如何？""您所在企业高层决策者是否在正式或非正式的组织或团体中担任重要角色"（1=非常不同意，5=非常同意）。

4.2.2 实验分析工具

采用SPSS 26.0、Mplus 8.3与宏插件PROCESS 4.1对数据进行统计分析。

4.2.2.1 描述性分析

对于数值型变量采用均值和标准差进行描述；对于分类变量采用频数和百分比进行描述。

4.2.2.2 量表数据质量分析

Podsakoff 等（2003）提出以Harman单因子检验法作为共同方法偏差的检验方法。Cronbach（1951）将Cronbach's Alpha（克朗巴赫 α 系数）作为信度测量指标，运用Mplus 8.3建立验证性因子分析模型（CFA），对研究构念及其维度的效度进行进一步检验，并通过CR和AVE分别对组合信度与收敛效度进行度量。

4.2.2.3 操纵有效性检验

通过两独立样本 t 检验对决策层人力资本异质性（高 vs 低）、外部关系维护能力（强 vs 弱）的操纵有效性进行检验。

4.2.2.4 假设检验

一方面，基于两独立样本 t 检验对决策层人力资本异质性对企业创新绩效的影响进行检验。另一方面，通过 SPSS 中宏插件 PROCESS 对内部环境优化的中介作用以及外部关系维护能力的调节作用进行检验。

4.2.3 实验结果

4.2.3.1 描述性分析结果

利用 SPSS 26.0 对 254 份有效样本进行统计分析，问卷各变量及题项（数值型变量）的平均水平、分布情况及离散程度通常采用最大值、最小值、均值、标准差、偏度及峰度描述其特征。数据呈正态分布是后续进行深入统计分析（如相关分析、回归分析、结构方程模型等）的前提条件。基于最大似然估计的结构方程模型，前提条件是数值型结果变量需服从多元正态性。本章采用 Kline（2016）和 Hair 等（2018）给出的偏度与峰度描述数据分布形式。通常认为，当变量或题项的偏度的绝对值小于3、峰度的绝对值小于10时，数据可视为正态分布，即满足正态性。本实验各个题项/变量的偏度和峰度的绝对值最大值分别为0.395与0.767，均小于3，表明数据呈正态分布，故满足后续分析条件。具体结果见附录5。

实验基线的等同性检验采用卡方检验进行分析。通过卡方检验对样本社会学特征在不同实验组间分布的差异进行检验，结果表明，本章样本所在部门、年龄、性别、企业所有制形式、企业所在区域、企业成立年限以及企业人数在不同实验组间均不存在显著差异（$P>0.05$），因此，各实验组间样本社会学特征具有可比性。具体结果见附录6。

4.2.3.2 数据质量分析结果

（1）共同方法偏差检验。采用Harman单因子检验法对可能存在的共同方法偏差进行检验（见表4-7）。采用Podsakoff等的建议，对问卷的所有量表题项进行探索性因子分析。因子提取方法为主成分分析，共提取出8个特征值大于1的公因子，累计因子方差解释率为66.071%，未经旋转的第一个因子的方差解释率为28.456%，小于50%时，说明不存在严重的共同方法偏差。

表4-7　决策层共同方法偏差检验

成分	初始特征值		
	总计	方差百分比	累计/%
1	9.960	28.456	28.456
2	3.725	10.643	39.100
3	2.556	7.301	46.401
4	1.865	5.330	51.731
5	1.388	3.967	55.698
6	1.310	3.742	59.440
7	1.221	3.487	62.927
8	1.100	3.144	66.071
9	0.988	2.823	68.894
10	0.956	2.731	71.625
11	0.801	2.289	73.915

（2）信度分析。通过Cronbach's Alpha（克朗巴赫 α 系数）、CITC（经校正的题项与总体的相关性）和CAID（题项删除后的克朗巴赫 α 系数）对研究构念及其维度的可靠性进行度量。研究所涉及变量的信度分析结果如表4-8所示，其中，决策层人力资本异质性、内部环境优化、外部关系维护能力与企业创新绩效的Cronbach's Alpha分别为0.888、0.907、0.883、0.828，均大于0.7的标准值，表明各变量均具有良好的一致性；另外，各构念的Cronbach's Alpha指数也均大于0.7的标准值，各测量题项的CITC值均大于0.4的标准值，

CAID值均小于对应维度的Cronbach's Alpha指数。故认为各测量构念与题项具有较好的信度，能够一致地、稳定地反映样本的情况。

表4-8　数据信度分析

变量	题项	校正的题项与总体的相关性	题项删除后的克朗巴赫 α 系数	克朗巴赫 α 系数	题项个数
DDMA	DDMA1	0.737	0.687	0.820	3
	DDMA2	0.655	0.771		
	DDMA3	0.633	0.794		
DIC	DIC1	0.629	0.785	0.816	3
	DIC2	0.653	0.756		
	DIC3	0.716	0.695		
DLA	DLA1	0.737	0.787	0.849	4
	DLA2	0.670	0.816		
	DLA3	0.622	0.837		
	DLA4	0.724	0.792		
DMTD				0.888	10
MS	MS1	0.716	0.794	0.850	3
	MS2	0.686	0.823		
	MS3	0.758	0.754		
RSS	RSS1	0.662	0.678	0.789	3
	RSS2	0.611	0.734		
	RSS3	0.617	0.728		
RWS	RWS1	0.632	0.718	0.791	3
	RWS2	0.621	0.734		
	RWS3	0.651	0.698		
OC	OC1	0.625	0.757	0.803	3
	OC2	0.623	0.757		
	OC3	0.701	0.675		
OS	OS1	0.604	0.700	0.774	3
	OS2	0.612	0.692		
	OS3	0.612	0.693		

变量	题项	校正的题项与总体的相关性	题项删除后的克朗巴赫 α 系数	克朗巴赫 α 系数	题项个数
OIE				0.907	15
ERMC	ERMC1	0.724	0.860	0.883	4
	ERMC2	0.762	0.844		
	ERMC3	0.778	0.839		
	ERMC4	0.724	0.859		
MIP	MIP1	0.707	0.642	0.793	3
	MIP2	0.604	0.752		
	MIP3	0.600	0.758		
TIP	TIP1	0.587	0.747	0.784	3
	TIP2	0.635	0.696		
	TIP3	0.649	0.679		
BIP				0.828	6

注：DDMA=决策能力差异，DIC=创新能力差异，DLA=学习能力差异，DMTD=决策层人力资本异质性，MS=管理支持，RSS=资源支持，RWS=报酬支持，OC=组织文化，OS=组织结构，OIE=内部环境优化，ERMC=外部关系维护能力，MIP=管理创新绩效，TIP=技术创新绩效，BIP=企业创新绩效。下同。

（3）验证性因子分析。通过Mplus 8.3建立验证性因子分析模型对研究构念及其维度的效度进行进一步检验，并通过CR和AVE分别对组合信度与收敛效度进行度量。验证性因子分析模型拟合指数均达到拟合标准（χ^2=611.982、df=511、χ^2/df=1.198、RMSEA=0.028、SRMR=0.045、CFI=0.975、TLI=0.972），故认为模型能够得到数据支撑，模型结构佳，维度间区分效度佳；验证性因子分析的相关参数结果显示，标准化路径系数均大于0.50，表明因子载荷均较大；一阶构念与二阶构念平均方差提取量（AVE）均大于0.50，认为各维度均具有较好的收敛效度。一阶构念与二阶构念的组合信度（CR）均高于0.70，认为各维度具有较好的组合信度。因此，从验证性因子分析角度认为量表具有良好的结构效度与收敛效度。验证性因子分析结果见附录7。

4.2.3.3 操纵有效性检验

首先，对决策层人力资本异质性的操纵有效性进行检验（见表4-9）。对两独立样本t检验，结果显示：$M_{低决策}$=2.680，$M_{高决策}$=3.554，t=−12.833，$P<0.001$，$Cohen's\ d$=−1.617。这表明，决策层人力资本异质性类型在决策层人力资本异质性感知上存在显著差异。

其次，对不同外部关系维护能力组间决策层人力资本异质性的操纵有效性进行检验：$M_{弱维护低决策}$=2.718，$M_{弱维护高决策}$=3.519，t=−8.010，$P<0.001$，$Cohen's\ d$=−1.471；$M_{强维护低决策}$=2.640，$M_{强维护高决策}$=3.581，t=−10.035，$P<0.001$，$Cohen's\ d$=−1.762。即在不同外部关系维护能力组间，不同决策层人力资本异质性类型实验亚组间均存在显著差异。因此，表明本书对决策层人力资本异质性操纵成功。

表4-9　正式实验决策层人力资本异质性操纵有效性检验结果

外部关系维护能力类别	决策层人力资本差异类型	样本量（人）	均值	标准差	T统计量	P值	Cohens'd
总计	低决策	124	2.680	0.516	−12.833	0.000	−1.617
	高决策	130	3.554	0.567			
弱维护	低决策	64	2.718	0.491	−8.010	0.000	−1.471
	高决策	57	3.519	0.607			
强维护	低决策	60	2.640	0.542	−10.035	0.000	−1.762
	高决策	73	3.581	0.535			

最后，对外部关系维护能力的操纵有效性进行检验（见表4-10）。对两独立样本 t 检验，结果显示：$M_{弱维护}$=2.723，$M_{强维护}$=3.744，t=−12.689，$P<0.001$，$Cohen's\ d$=−1.601。这表明，不同外部关系维护能力组间外部关系维护能力感知存在显著差异；进一步对不同决策层人力资本异质性亚组间外部关系维护能力的操纵有效性进行检验：$M_{低决策弱维护}$=2.633，$M_{低决策强维护}$=3.688，t=−9.616，$P<0.001$，$Cohen's\ d$=−1.742；$M_{高决策弱维护}$=2.825，$M_{高决策强维护}$=3.791，

$t=-8.231$，$P<0.001$，*Cohen's d*$=-1.466$。即在不同决策层人力资本异质性组间，不同外部关系维护能力实验亚组间均存在显著差异。因此，表明本书对外部关系维护能力操纵成功。

表4-10　正式实验外部关系维护能力操纵有效性检验结果

决策层人力资本差异类型	外部关系维护能力类别	样本量（人）	均值	标准差	*T*统计量	*P*值	*Cohens'd*
总计	弱维护	121	2.723	0.642	−12.689	0.000	−1.601
	强维护	133	3.744	0.639			
低决策	弱维护	64	2.633	0.606	−9.616	0.000	−1.742
	强维护	60	3.688	0.615			
高决策	弱维护	57	2.825	0.671	−8.231	0.000	−1.466
	强维护	73	3.791	0.659			

4.2.3.4 决策层主效应检验

决策人力资本异质性对企业创新绩效的主效应检验采用独立样本*t*检验，对不同决策层人力资本异质性组（低vs高）间企业创新绩效进行差异性分析。结果显示，$M_{低决策}=3.097$，$M_{高决策}=3.923$，$P<0.001$，$t=-10.369$，*Cohens' d*$=-1.307$（见表4-11）。这表明，在决策层人力资本异质性组间企业创新绩效存在显著差异，且高决策层人力资本异质性组的企业创新绩效显著高于低决策层人力资本异质性组，假设H1得以验证。

表4-11　决策层主效应检验

因变量	决策层人力资本异质性	样本量（人）	均值	标准差	*T*统计量	*P*值	*Cohens'd*
企业创新绩效	低决策	124	3.097	0.706	−10.369	0.000	−1.307
	高决策	130	3.923	0.558			

4.2.3.5 内部环境优化中介效应检验

对内部环境优化在决策层人力资本异质性（低vs高）与企业创新绩效间

中介效应检验利用SPSS中宏插件PROCESS 4.1进行，模型纳入企业所有制形式与企业成立年限作为控制变量。其中，企业所有制形式做哑变量处理，并以其他企业类型作为参照；决策层人力资本异质性（低vs高）作为自变量，内部环境优化作为中介变量，企业创新绩效作为因变量，并将以上变量做标准化处理后纳入模型。分析结果如表4-12所示。

表4-12　内部环境优化的中介效应检验

	因变量		
	模型1（M1-BIP）	模型2（M2-OIE）	模型3（M3-BIP）
决策层人力资本异质性（低 vs 高）	0.532*** （0.052）	0.567*** （0.053）	0.340*** （0.059）
内部环境优化			0.338*** （0.059）
R^2	0.336	0.323	0.414
F	31.529***	29.648***	34.982***

注：*表示$P<0.05$，**表示$P<0.01$，***表示$P<0.001$；系数为标准化系数（β），括号内为标准误（Std.Error）。

假设检验前要对变量共线性进行检验，共线性会导致回归模型的系数估计不准确，并且使模型的解释能力下降。共线性检验采用方差膨胀因子（VIF）进行评估，回归模型中VIF最大值为1.822，小于5，认为不存在严重共线性问题。

回归模型1（M1-BIP）分析结果表明：决策层人力资本异质性对企业创新绩效存在正向影响（$P<0.001$，$\beta=0.532$），即高决策层人力资本异质性的企业创新绩效显著高于低决策层人力资本异质性，假设H1再次得到检验（见表4-13）。

表4-13　内部环境优化中介效应

	标准化效应值	标准差	95%置信下限	95%置信上限
总效应	0.532	0.052	0.429	0.634

	标准化效应值	标准差	95% 置信下限	95% 置信上限
直接效应	0.340	0.059	0.223	0.457
间接效应	0.192	0.045	0.102	0.282

回归模型2（M2-OIE）分析结果表明：决策层人力资本异质性对内部环境优化存在显著正向影响（$P<0.001$，$\beta=0.567$），即高决策层人力资本异质性的内部环境优化显著高于低决策层人力资本异质性。

回归模型3（M3-BIP）分析结果表明：决策层人力资本异质性对企业创新绩效存在显著正向直接影响（$P<0.001$，$\beta=0.340$），内部环境优化对企业创新绩效存在显著正向影响（$P<0.001$，$\beta=0.338$）。

中介效应检验采用依次检验法（Causal steps，检验H_0：c=0，检验H_0：a=0，检验H_0：b=0）、系数乘积法（Product of coefficients，检验H_0：ab=0）和系数差异法（Difference in coefficients，检验H_0：$c-c'=0$）。模拟研究发现，系数乘积法的检验效能高于依次检验法和系数差异法。系数乘积法因为$\hat{a}\hat{b}$的分布是不对称的偏态分布，所以中介效应估计不准确。方杰等提出了3类无须对$\hat{a}\hat{b}$的抽样分布进行任何限制且适用于中、小样本的方法，分别为乘积分布法、Bootstrap法和马尔科夫链蒙特卡罗法（Markov Chain Monte Carlo，MCMC）。并采用Bootstrap法（抽样次数=5 000）检验中介效应的95%置信区间进行估计，若95%置信区间不包含0，则表明效应成立。

首先，参照Baron和Kenny（1986）提出的依次检验法，中介前段路径为决策层人力资本异质性对内部环境优化存在显著正向影响（$P<0.001$，$\beta=0.567$），中介后段路径为内部环境优化对企业创新绩效存在显著正向影响（$P<0.001$，$\beta=0.338$），故认为基于依次检验结果，内部环境优化在决策层人力资本异质性与企业创新绩效间中介效应成立。其次，采用系数乘积法，经Bootstrap法（抽样次数=5 000）检验，内部环境优化在决策层人力资本异质性与企业创新绩效的中介效应的95%置信区间为[0.102，0.282]。置信区间不

包含 0，表明内部环境优化在决策层人力资本异质性与企业创新绩效起中介效应，且标准化中介效应值为 0.192。又因为决策层人力资本异质性对企业创新绩效存在显著直接效应（95%CI=[0.223，0.457]，β=0.340），故认为内部环境优化在决策层人力资本异质性与企业创新绩效间发挥部分中介效应，中介效应占总效应的比重为 36.1%，假设 H2 成立。

4.2.3.6　外部关系维护能力的调节效应检验

采用基于均值中心化构建乘积项的形式，构建外部关系维护能力（弱 vs 强）与决策层人力资本异质性、内部环境优化的交互效应，以探究外部关系维护能力的调节效应。检验主要通过 SPSS 中宏插件 PROCESS 4.1 中模型 59（Model 59）对外部关系维护能力的调节效应以及对内部环境优化的中介效应的调节效应进行检验。

模型纳入企业所有制形式与企业成立年限作为控制变量。其中，企业所有制形式做哑变量处理，并以其他企业类型作为参照；决策层人力资本异质性（低 vs 高）作为自变量，内部环境优化作为中介变量，外部关系维护能力（弱 vs 强）作为调节变量，将企业创新绩效作为因变量，并将以上变量做标准化处理后纳入模型。模型分析结果如表 4-14 所示。

表4-14　外部关系维护能力的调节效应

	因变量	
	模型 4（M4-OIE）	模型 5（M5-BIP）
决策层人力资本异质性（低 vs 高）	0.554*** （0.050）	0.370*** （0.059）
外部关系维护能力（弱 vs 强）	0.187*** （0.051）	0.193*** （0.049）
决策层异质性与外部关系维护能力的交互作用	0.181*** （0.050）	0.099 （0.059）
内部环境优化		0.257*** （0.060）

续 表

	因变量	
	模型4（M4-OIE）	模型5（M5-BIP）
内部环境优化与外部关系维护能力的交互作用		0.020 （0.061）
R^2	0.389	0.457
F	26.194***	25.771***

注：*表示$P<0.05$，**表示$P<0.01$，***表示$P<0.001$；系数为标准化系数（β），括号内为标准误（Std.Error）。

回归模型4（M4-OIE）分析结果表明：对于自变量主效应而言，决策层人力资本异质性对内部环境优化存在显著正向影响（$P<0.001$，$\beta=0.554$）；对于调节变量主效应而言，外部关系维护能力对内部环境优化的存在显著正向影响（$P<0.001$，$\beta=0.187$）；对于调节效应而言，交互项决策层人力资本异质性×外部关系维护能力对内部环境优化存在显著正向影响（$P<0.01$，$\beta=0.181$），即外部关系维护能力正向调节决策层人力资本异质性对内部环境优化的影响，假设H4成立。

回归模型5（M5-BIP）分析结果表明：对于自变量主效应而言，决策层人力资本异质性对企业创新绩效存在显著正向影响（$P<0.001$，$\beta=0.370$）；对于调节变量主效应而言，外部关系维护能力对企业创新绩效存在显著正向影响（$P<0.001$，$\beta=0.193$）；对于调节效应而言，决策层人力资本异质性×外部关系维护能力的交互项对企业创新绩效影响不显著（$P>0.05$），即外部关系维护能力对决策层人力资本异质性对企业创新绩效的影响的调节效应不显著，假设H3不成立。与本书研究假设不符，需要采取不同方法进一步验证。

回归模型5（M5-BIP）分析结果表明：对于中介变量主效应而言，内部环境优化对企业创新绩效存在显著正向影响（$P<0.01$，$\beta=0.257$）；对于调节变量主效应而言，外部关系维护能力对企业创新绩效的存在显著正向影响（$P<0.001$，$\beta=0.193$）；对于调节效应而言，交互项内部环境优化×外部关系

维护能力对企业创新绩效不存在显著影响（$P>0.05$，不具有统计学意义），即外部关系维护能力不能调节内部环境优化对企业创新绩效的影响，假设 H5 不成立。

4.2.3.7　外部关系维护能力调节效应下的内部环境优化中介效应检验

关于有调节的中介效应的检验方法，目前存在 3 种主流方式，分别是依次检验法、系数乘积的区间检验法以及中介效应差异检验法。下面是对这 3 种方法的另一种表述。

（1）依次检验法。通过逐步检查两条中介路径和一条调节路径上的系数是否显著性进行判断。具体步骤是，先检验中介路径上的系数是否显著，再检验调节路径上的系数是否显著。

（2）系数乘积的区间检验法。由 Hayes 在 2015 年提出的一种用于估计有调节的中介效应的置信区间。Yuan 和 Mackinnon 在 2009 年进一步提出，使用偏差校正的非参数百分位 Bootstrap 法或者基于先验信息的马尔科夫链蒙特卡罗法来计算系数乘积的置信区间。与传统方法相比，这两种方法得到的置信区间更精确，检验力也更高。

（3）中介效应差异检验法。Edward 和 Lambert 在 2007 年提出利用 Bootstrap 法来检验中介效应在不同调节变量水平下的差异。具体是，首先将调节变量分别设定在高水平（均值加标准差，$M+SD$，High）和低水平（均值减标准差，$M-SD$，Low）上，然后比较这两个水平下的中介效应是否存在显著差异。如果差异显著，则说明中介效应受调节变量的影响。在检验力方面，中介效应差异检验法的效力是最高的，其次是系数乘积的区间检验法，最后是依次检验法。因此，为了提高检验的准确性和有效性，通常会优先采用中介效应差异检验法来检验中介效应的调节效应。

基于中介效应差异检验，低水平外部关系维护能力下内部环境优化中介效应值为 0.086（95%CI=[−0.018，0.178]），高水平外部关系维护能力下内部环境优化的中介效应值为 0.201（95%CI=[0.046，0.366]）；高低水平外部关系维护能力（$M \pm SD$）下中介效应差异的95%置信区间为[−0.064，0.312]，包含0，表明外部关系维护能力对内部环境优化在决策层人力资本异质性与企业创新绩效间的中介效应的调节效应不显著，检验结果如表4–15所示。假设H6不成立。与本书研究假设不符，需要采用不同方法进行进一步验证。

表4–15　决策层外部关系维护能力调节中介效应检验

	效应值	标准差	95%置信下限	95%置信上限
弱外部关系维护能力	0.086	0.050	−0.018	0.178
强外部关系维护能力	0.201	0.082	0.046	0.366
差异值	0.115	0.096	−0.064	0.312

4.3　核心层人力资本异质性对高新技术企业创新绩效影响的机理检验

核心层人力资本异质性对高新技术企业创新绩效影响机理模型如图3–4所示。本节需要通过实验研究检验如下5个假设是否成立。

H7：核心层人力资本管理技能异质性对高新技术企业创新绩效的提升具有促进作用。

H8：管理效能提升是核心层人力资本异质性促进高新技术企业创新绩效提升的中介变量。

H9：内部环境优化在核心层人力资本异质性对企业创新绩效的影响中起调节作用。

H10：内部环境优化在核心层人力资本异质性对管理效能提升的影响中起调节作用。

H11：内部环境优化正向调节管理效能提升在核心层人力资本异质性和企业创新绩效间的中介作用。

4.3.1 实验材料

根据模型，本研究设计了核心层人力资本异质性（高vs低）×内部环境优化程度（高vs低）的组间情境实验。被试者随机被分配到4种情境中的一种。4种情境分别为：核心层人力资本异质性高×内部环境优化程度高、核心层人力资本异质性高×内部环境优化程度低、核心层人力资本异质性低×内部环境优化程度高、核心层人力资本异质性低×内部环境优化程度低。借鉴Yam（2017）回忆范式和第2章人力资本异质性量表开发的研究结果，构成了核心层人力资本异质性的操纵。实验组读到以下脚本：企业核心管理者人力资本异质性很高。小张作为企业的核心管理者，根据以往的日常工作情况回忆，"同级别成员所掌握的专业知识分析能力和技术水平差异很大，所掌握的新产品生产管理流程的水平差异很大，所掌握和熟悉特定专业领域中的惯例与工具的能力差异很大，对下属的领导能力差异很大，处理各种人际关系的沟通能力差异很大，语言表达能力差异很大，对相关工具和规章政策掌握的熟练运用能力差异很大，针对复杂情况进行抽象思考、形成观念的思维能力差异很大，目标管理和开拓创新的能力差异很大"。控制组读到以下脚本：企业核心管理者人力资本异质性很低。小张作为企业的核心管理者，根据以往的日常工作情况回忆，"同级别成员所掌握的专业知识分析能力和技术水平差异不大，所掌握的新产品生产管理流程的水平差异不大，所掌握和熟悉特定专业领域中的惯例与工具的能力差异不大，对下属的领导能力差异不大，处理各种人际关系的沟通能力差异不大，语言表达能力差异不大，对相关工具和规章政策掌握的熟练运用能力差异不大，针对复杂情况进行抽象思考、形成观念的思维能力差异不大，目标管理和开拓创新的能力差异不大"。

对于内部环境优化的操作脚本，实验组是内部环境优化程度高，控制组是内部环境优化程度低。实验组的操作脚本：小张作为企业的核心管理者，根据日常工作情形回忆道，企业高层决策者激发员工投身于创造性活动，为积极从事创新工作的个人及团队赋予充分的自主权；支持员工着手创新试验，即便这些尝试可能面临失败的风险；对于员工的创新需求，确保资源供给的及时性，使他们能够轻松获取所需的各类信息和资料；提供创新技能培训，助力员工提升能力；对于成功完成创新任务的员工，将给予额外的奖励，并将内部创新典范作为正面榜样进行宣传；同时，鼓励员工勇于尝试，即使创新项目最终未能成功，也会给予相应的认可与奖励；高度重视企业内的知识产权保护，努力营造一个鼓励冒险、宽容失败的环境，推崇自由开放、积极变革的文化氛围；在内部合作方面，倡导横向协作，打破部门壁垒。然而，在岗位职责上，高层决策者保持一定的稳定性。在决策层面上，追求高度的灵活性，并鼓励员工积极参与，共同为企业的创新发展贡献力量。

控制组的操作脚本：小张作为企业的核心管理者，根据日常工作情形回忆道，高层决策者支持低层工作人员创新行为的力度不足，高层决策者不能容忍低层工作人员创新失败，在日常工作中高层决策者不能很好地使用激励手段，高层决策者不能合理分配创新资源，高层决策者决策灵活度不高、员工不可以参与决策。

4.3.2 实验样本和变量测量

4.3.2.1 实验样本

本研究仍以北京、黑龙江两地两所高校MBA学员作为研究被试者，共发放了400份问卷，回收了355份问卷。剔除无效问卷，最终有效问卷为268份，有效回收率为75.49%。在样本的构成上：男性为178人，女性为90人；在年龄构成方面，83.6%的被试集中在26~40岁之间；在工作年限方面，占比较大的两类为42.2%的被试者工龄在10年以上，38.5%的被试者工龄为5~10年，在职位等级方面，52.5%属于低层管理者，47.5%属于中层管理者。4种情境的最终有效人数分别为："核心层人力资本异质性高、内部环境优化程度高"的有68人；"核心层人力资本异质性高、内部环境优化程度低"的有62人；"核心层人力资本异质性低、内部环境优化程度高"的有66人；"核心层人力资本异质性低、内部环境优化程度低"的有 72 人。

4.3.2.2　变量测量

（1）核心层人力资本异质性。根据第 2 章人力资本异质性的量表开发研究结果，核心层人力资本异质性即核心管理者管理技能差异，具体如表 4-16 所示。

表 4-16　核心层人力资本异质性测量量表

维度	编号	题意
核心层人力资本异质性——管理技能差异	DTS1	专业知识分析能力和技术水平的差异
	DTS2	新产品生产管理流程的水平差异
	DTS3	掌握和熟悉特定专业领域中的惯例与工具的能力差异
	DIS1	对下属的领导能力的差异
	DIS2	处理各种人际关系的沟通能力的差异
	DIS3	语言表达能力的差异
	DCS1	对相关工具和规章政策掌握的熟练能力的差异
	DCS2	针对复杂情况进行抽象思考，形成观念的思维能力的差异
	DCS3	目标管理和开拓创新能力的差异

（2）管理效能提升。管理效能提升量表采用的是 Nelhes（2008）对 Truss（2001）修订的人力资源管理效能量表，从报酬与绩效、晋升机会、岗位技能培训机会、招聘程序和绩效评估系统 5 个方面设置量表题项。参考 Brandl 等（2012）的研究，提出本节的管理效能提升测量量表，如表 4-17 所示。

表 4-17　管理效能提升测量量表

变量	编号	题项
管理效能提升	IME1	报酬直接与工作绩效相关
	IME2	参加岗位技能培训、管理技能培训的机会很多
	IME3	绩效评估系统能够评估基层员工的优势和弱势
	IME4	规范的招聘程序能很容易招聘到符合岗位要求的人
	IME5	满足想要的晋升机会

资料来源：作者研究整理。

依照前文决策层汇报的过程，本研究先后进行了预实验、样本的描述性统计分析、数据质量分析，在这里不再进行详细报告。直接汇报操纵有效性检验结果和假设检验结果。

4.3.3 实验结果

4.3.3.1 操纵有效性检验

首先，对核心层人力资本异质性的操纵有效性进行检验（见表4-18）。经两独立样本t检验，结果显示：$M_{低核心}=2.693$，$M_{高核心}=3.388$，$t=-9.574$，$P<0.001$，$Cohen's\ d=-1.175$。这表明核心层人力资本异质性类型在核心层人力资本异质性感知上存在显著差异。进一步对不同内部环境优化组间核心层人力资本异质性的操纵有效性进行检验。其中，$M_{低环境低核心}=2.654$，$M_{低环境高核心}=3.306$，$t=-5.974$，$P<0.001$，$Cohen's\ d=-1.043$；$M_{高环境低核心}=2.736$，$M_{高环境高核心}=3.462$，$t=-7.571$，$P<0.001$，$Cohen's\ d=-1.324$。即在不同内部环境优化类型组间，不同核心层人力资本异质性类型实验亚组间均存在显著差异。因此，表明本节对核心层人力资本异质性操纵成功。

表4-18　核心层人力资本异质性操纵有效性检验

内部环境优化类型	核心层人力资本异质性类型	样本量（人）	均值	标准差	T统计量	P值	$Cohens'd$
总计	低核心	138	2.693	0.659	−9.574	0.000	−1.175
	高核心	130	3.388	0.516			
低环境	低核心	72	2.654	0.682	−5.974	0.000	−1.043
	高核心	62	3.306	0.564			
高环境	低核心	66	2.736	0.635	−7.571	0.000	−1.324
	高核心	68	3.462	0.459			

其次，对内部环境优化的操纵有效性进行检验（见表4-19）。经两独立样本t检验，结果显示：$M_{低环境}=2.815$，$M_{高环境}=3.566$，$t=-10.573$，

$P<0.001$，*Cohen's d*=−1.297。这表明不同内部环境优化组间内部环境优化感知存在显著差异。进一步对不同核心层人力资本异质性组间内部环境优化的操纵有效性进行检验。其中，$M_{低核心低环境}$= 2.851，$M_{低核心高环境}$=3.499，t=−7.201，$P<0.001$，*Cohen's d*=−1.236；$M_{高核心低环境}$= 2.774，$M_{高核心高环境}$=3.630，t=−7.722，$P<0.001$，*Cohen's d*=−1.366。即在不同核心层人力资本异质性组间，不同内部环境优化实验亚组间均存在显著差异。因此，表明本节对内部环境优化操纵成功。

表4–19　内部环境优化的操纵有效性检验

核心层人力资本异质性类型	内部环境优化类型	样本量（人）	均值	标准差	T统计量	P值	Cohens'd
总计	低环境	134	2.815	0.568	−10.573	0.000	−1.297
	高环境	134	3.566	0.594			
低核心	低环境	72	2.851	0.545	−7.201	0.000	−1.236
	高环境	66	3.499	0.509			
高核心	低环境	62	2.774	0.595	−7.722	0.000	−1.366
	高环境	68	3.630	0.663			

4.3.3.2　主效应检验

核心层人力资本异质性对企业创新绩效的主效应检验采用独立样本 *t* 检验，对不同核心层人力资本异质性组（低 vs 高）间企业创新绩效进行差异性分析。结果显示：$M_{低核心}$=3.274，$M_{高核心}$= 4.124，t=−10.993，$P<0.001$，*Cohens'd*=−1.349（见表4–20）。这表明在核心层人力资本异质性组间企业创新绩效存在显著差异，且高核心层人力资本异质性组的企业创新绩效显著高于低核心层人力资本异质性组，H7得到支持。

表4-20　核心层主效应检验

变量	核心层人力资本异质性类型	样本量（人）	均值	标准差	T统计量	P值	*Cohens'd*
企业创新绩效	低核心	138	3.274	0.627	−10.993	0.000	−1.349
	高核心	130	4.124	0.639			

4.3.3.3 管理效能提升的中介效应

对管理效能提升在核心层人力资本异质性（低vs高）与企业创新绩效间的中介效应检验通过SPSS中宏插件PROCESS 4.1进行，将核心层人力资本异质性（低vs高）作为自变量，管理效能提升作为中介变量，企业创新绩效作为因变量，并将以上变量做标准化处理后纳入模型，分析结果如表4-21所示。

表4-21　管理效能提升的中介效应

	因变量		
	模型1（M1-BIP）	模型2（M2-IME）	模型3（M3-BIP）
核心层人力资本异质性（低 vs 高）	0.557*** （0.051）	0.414*** （0.056）	0.319*** （0.051）
管理效能提升			0.330*** （0.049）
R^2	0.323	0.183	0.499
F	25.033***	11.763***	36.954***

注：*表示$P<0.05$，**表示$P<0.01$，***表示$P<0.001$；系数为标准化系数（β），括号内为标准误（Std.Error）。

回归模型1（M1-BIP）分析结果表明：核心层人力资本异质性对企业创新绩效存在正向影响（$P<0.001$，$\beta=0.557$），即高核心层人力资本异质性的企业创新绩效显著高于低核心层人力资本异质性，H7再次得到检验。

回归模型2（M2-IME）分析结果表明：核心层人力资本异质性对管理效能提升存在显著正向影响（$P<0.001$，$\beta=0.414$），即高核心层人力资本异质性组的管理效能提升得分显著高于低核心层人力资本异质性组。

回归模型3（M3-BIP）分析结果表明：管理效能提升对企业创新绩效存在显著正向影响（$P<0.001$，$\beta=0.330$）。

在管理效能提升中介效应检验中，首先，参照依次检验法，中介前段路径为核心层人力资本异质性对管理效能提升存在显著正向影响（$P<0.001$，$\beta=0.414$），中介后段路径为管理效能提升对企业创新绩效存在显著正向影响（$P<0.001$，$\beta=0.330$），故认为基于依次检验结果，管理效能提升在核心层人力资本异质性与企业创新绩效间中介效应成立。其次，采用系数乘积法，经Bootstrap法（抽样次数=5 000）检验，管理效能提升在核心层人力资本异质性与企业创新绩效的中介效应的95%置信区间为[0.081，0.199]。置信区间不包含0，表明管理效能的提升在核心层人力资本异质性与企业创新绩效的中介效应成立，且标准化中介效应值为0.137，假设H8成立。

4.3.3.4 内部环境优化的调节效应检验

采用基于均值中心化构建乘积项的形式，构建内部环境优化（低vs高）与核心层人力资本异质性（低vs高）的交互效应，以探究内部环境优化的调节效应。检验主要通过SPSS宏插件PROCESS 4.1中模型8（Model 8）对内部环境优化的调节效应以及对管理效能提升的中介效应的调节效应进行检验。将管理效能提升作为中介变量，内部环境优化（低vs高）作为调节变量，企业创新绩效作为因变量，并将以上变量做标准化处理后纳入模型。模型分析如表4-22所示。

表4-22　内部环境优化的调节效应检验

	因变量	
	模型4（M4-IME）	模型5（M5-BIP）
核心层人力资本异质性（低 vs 高）	0.402*** （0.052）	0.358*** （0.049）
内部环境优化（低 vs 高）	0.240*** （0.052）	0.209*** （0.045）

	因变量	
	模型 4（M4-IME）	模型 5（M5-BIP）
核心层人力资本异质性与内部环境优化的交互项	0.266*** （0.052）	0.096* （0.045）
管理效能提升		0.243*** （0.051）
R^2	0.311 1	0.543
F	16.771***	34.080***

注：* 表示 $P<0.05$，** 表示 $P<0.01$，*** 表示 $P<0.001$；系数为标准化系数（β），括号内为标准误（Std.Error）。

回归模型4（M4-IME）分析结果表明：对于主效应而言，核心层人力资本异质性对管理效能提升存在显著正向影响（$P<0.001$，$\beta=0.402$）；对于调节变量主效应而言，内部环境优化对管理效能提升存在显著正向影响（$P<0.001$，$\beta=0.240$）；对于调节效应而言，交互项核心层人力资本异质性 × 内部环境优化对管理效能提升存在显著正向影响（$P<0.001$，$\beta=0.266$），即内部环境优化正向调节核心层人力资本异质性对管理效能提升的影响，假设H10成立。

回归模型5（M5-BIP）分析结果表明：对于主效应而言，核心层人力资本异质性对企业创新绩效存在显著正向影响（$P<0.001$，$\beta=0.358$）；对于调节变量主效应而言，内部环境优化对企业创新绩效存在显著正向影响（$P<0.001$，$\beta=0.209$）；对于调节效应而言，交互项核心层人力资本异质性 × 内部环境优化对企业创新绩效存在显著正向影响（$P<0.05$，$\beta=0.096$），即内部环境优化正向调节核心层人力资本异质性对企业创新绩效的影响，假设H9成立。

对于内部环境优化调节的管理效能提升的中介效应检验，首先，基于依次检验法，管理效能提升在核心层人力资本异质性和企业创新绩效间的中介效应显著（H18成立）；内部环境优化对核心层人力资本异质性对管理效能提升的影响存在显著正向调节效应。故假设H11成立。其次，基于中介效应差异检验，高低水平内部环境优化（$M \pm SD$）间管理效能提升在核心层人力资本异质性对企业创新绩效间中介效应差异的95%置信区间为 [0.055，0.215]，置信区间不包含0。检验结果如表4-23所示，表明假设H11成立。

表4-23　核心层有调节中介效应检验

	效应值	标准差	95%置信上限	95%置信下限
低内部环境优化	0.033	0.020	−0.002	0.078
高内部环境优化	0.163	0.044	0.077	0.251
差异值	0.129	0.042	0.055	0.215

4.4 基础层人力资本异质性对高新技术企业创新绩效影响的机理检验

基础层人力资本异质性对高新技术企业创新绩效影响的机理模型如图3-5所示。本节需要通过实验研究检验如下5个假设是否成立。

H12：基础层人力资本异质性对高新技术企业创新绩效的提升具有促进作用。

H13：基础层人力资本异质性通过知识创造的中介作用促进高新技术企业创新绩效的提升。

H14：知识转换能力在基础层人力资本异质性与知识创造间起调节作用。

H15：知识转换能力在知识创造与高新技术企业创新绩效间起调节作用。

H16：知识转换能力调节知识创造在基础层人力资本异质性和企业创新绩效间的中介作用。

4.4.1 实验材料

根据模型，本节设计了基础层人力资本异质性（高vs低）×知识转换能力（强vs弱）的组间情境实验，被试者随机被分配到4种情境中的一种。这

4种情境分别为：基础层人力资本异质性高 × 知识转换能力强、基础层人力资本异质性高 × 知识转换能力弱、基础层人力资本异质性低 × 知识转换能力强、基础层人力资本异质性低 × 知识转换能力弱。借鉴Yam（2017）回忆范式和第2章人力资本异质性量表开发的研究结果，构成了基础层人力资本异质性的操纵脚本。实验组读到以下脚本：企业基层员工人力资本异质性很高。小张作为企业的基层员工，根据以往的日常工作情况回忆，基层员工有各自不同的专业技术专长以及不同的知识背景和相辅相成的技能与能力。控制组读到以下脚本：小张作为企业的基层员工，没有突出的专业技术专长，基层员工间解决疑难问题的技能和能力相差不大。

对于知识转换能力的操纵脚本，参考Nonaka（1995）、胡凤玲（2014）的研究，从个人内隐知识共享给组织内其他人员的社会化、个人知识转换为易于理解的外显知识的外化、组织内异质性知识加工成新的知识的整合化和新外显知识转换成新的内隐知识的内化4个题项设置量表。实验组是强知识转换能力，控制组是弱知识转换能力。实验组的操作脚本：小张作为企业的基层员工回忆道，基层员工具备持续学习新知识的能力，并能灵活适应环境变化，有效地将这些知识应用于实际工作中。他们能够推动知识从共享交流（社会化）到具体表达（外化），再到系统整合（整合化）和深入理解（内化）的良性循环，促进了知识的深度吸收与高效整合。这一过程不仅维持并激活了现有的知识体系，还催生了新产品与新工艺的诞生，从而极大地增强了企业的创新能力和整体绩效。

控制组的操作脚本：基层员工知识转换能力不强。小张作为企业的基层员工，根据以往的日常工作情况回忆道，基层员工不能很好地认知自身掌握知识的有限性，在复杂创新的环境下，基层员工将个人内隐知识共享给组织内其他人员的能力不强、将个人知识转换为易于理解的外显知识的能力不强、将组织内异质性知识加工成新的知识的能力不强、将新外显知识转换成新的内隐知识的能力不强，所以不能将异质性知识资源进行优化、共享、融合与重组，不利于新的创新想法的形成，不利于知识的激活与运用。

4.4.2 实验样本和变量测量

4.4.2.1 实验样本

本研究仍以北京、黑龙江两地两所高校 MBA 学员作为研究被试者，共发放了 400 份问卷，回收了 373 份问卷。剔除无效问卷，最终有效样本为 243 份，有效回收率为 65.15%。样本的构成情况为：男性为 165 人，女性为 78 人；在年龄构成方面，80.6% 的被试者集中在 26～40 岁之间；在工作年限方面，占比较大的两类分别为 41.5% 的被试者工龄为 5～10 年，39.2% 的被试者工龄在 10 年以上；在职位等级方面，58.5% 属于低层管理者，41.5% 属于中层管理者。4 种情境最终有效人数分别为："基础层人力资本异质性高、知识转换能力强"的有 65 人；"基础层人力资本异质性高、知识转换能力弱"的有 56 人；"基础层人力资本异质性低、知识转换能力强"的有 59 人；"基础层人力资本异质性低、知识转换能力弱"的有 63 人。参照决策层实验情境过程进行实验样本收集。

4.4.2.2 变量测量

（1）基础层人力资本异质性。根据第 2 章人力资本异质性的量表开发研究结果，基础层人力资本异质性即基层员工任务执行知识差异，具体如表 4-24 所示。

表 4-24　基础层人力资本异质性测量量表

维度	编号	题意
基础层人力资本异质性——任务执行知识差异	KDTE1	基层员工各自的专长差别
	KDTE2	基层员工有各种不同的工作背景
	KDTE3	基层员工拥有相辅相成的技能和能力

（2）知识转换能力。知识转换能力量表参考 Nonaka（1995）、胡凤玲（2014）的研究，从个人内隐知识共享给组织内其他人员的社会化、个人知识

转换为易于理解的外显知识的外化、组织内异质性知识加工成新的知识的整合化和新外显知识转换成新的内隐知识的内化 4 个题项设置量表。

（3）知识创造。知识创造量表参考 Arling 和 Mark（2011）、Jakubik（2011）的研究，从基础层团队成员能够更快、更低成本地获取更高质量的各类知识能力，基础层团队成员能够根据环境和自身需要合理、有效地配置知识的能力，基础层团队成员能够更快、更低成本地将创新知识转化为生产力的能力 3 个题项刻画。知识转换能力和知识创造测量量表如 4-25 所示。

表4-25 知识转换能力和知识创造测量量表

变量	编号	题项
知识转换能力	KCC1	社会化——将个人内隐知识共享给组织内其他人员
	KCC2	外化——将个人知识转换为易于理解的外显知识
	KCC3	整合化——将组织内异质性知识加工成新的知识
	KCC4	内化——将新外显知识转换成新的内隐知识
知识创造	KC1	基础层团队成员能够更快、更低成本地获取更高质量的各类知识的能力
	KC2	基础层团队成员能够根据环境和自身需要合理、有效地配置知识的能力
	KC3	基础层团队成员能够更快、更低成本地将创新知识转化为生产力的能力

资料来源：作者研究整理。

这里仍然依照前文汇报的过程进行预实验、样本的描述性统计分析、数据质量分析，不再进行详细报告。直接汇报操纵有效性检验结果和假设检验结果。

4.4.3 实验结果

4.4.3.1 操纵有效性检验

首先，对基础层人力资本异质性的操纵有效性进行检验（见表4-26）。经两独立样本 t 检验，结果显示：$M_{低基础}=2.538$，$M_{高基础}=3.499$，$t=-10.602$，$P<0.001$，$Cohen's\ d=-1.366$。这表明基础层人力资本异质性类型在基础层人

力资本异质性感知上存在显著差异。进一步对不同知识转换能力组间基础层人力资本异质性的操纵有效性进行检验。其中，$M_{弱转换低基础}$=2.402，$M_{弱转换高基础}$=3.405，t=−7.246，P<0.001，$Cohen's\ d$=−1.342；$M_{强转换低基础}$=2.684，$M_{强转换高基础}$=3.579，t=−7.753，P<0.001，$Cohen's\ d$=−1.406。即在不同知识转换能力组间，不同基础层人力资本异质性类型实验亚组间均存在显著差异。因此，表明本节对基础层人力资本异质性操纵成功。

表 4-26　基础层人力资本异质性操纵有效性检验

知识转换能力类型	基础层人力资本异质性类型	样本量	均值	标准差	T统计量	P值	$Cohens'd$
总计	低基础	122	2.538	0.656	−10.602	0.000	−1.366
	高基础	121	3.499	0.753			
弱转换	低基础	63	2.402	0.631	−7.246	0.000	−1.342
	高基础	56	3.405	0.871			
强转换	低基础	59	2.684	0.656	−7.753	0.000	−1.406
	高基础	65	3.579	0.630			

其次，对知识转换能力的操纵有效性进行检验（见表4-27）。经两独立样本 t 检验，结果显示：$M_{弱转换}$=2.763，$M_{强转换}$=3.784，t=−11.177，P<0.001，$Cohen's\ d$=−1.440。这表明不同知识转换组间知识转换感知存在显著差异。进一步对不同基础层人力资本异质性亚组间知识转换的操纵有效性进行检验。其中 $M_{低基础弱转换}$=2.694，$M_{低基础强转换}$=3.640，t=−7.329，P<0.001，$Cohen's\ d$=−1.339；$M_{高基础弱转换}$=2.839，$M_{高基础强转换}$=3.915，t=−8.421，P<0.001，$Cohen's\ d$=−1.548。即在不同基础层人力资本异质性组间，不同知识转换能力实验亚组间均存在显著差异。因此，表明本节对知识转换能力操纵成功。

表 4-27　知识转换能力的操纵有效性检验

基础层人力资本异质性类型	知识转换能力类型	样本量	均值	标准差	T统计量	P值	$Cohens'd$
总计	弱转换	119	2.763	0.675	−11.177	0.000	−1.440
	强转换	124	3.784	0.746			

续　表

基础层人力资本 异质性类型	知识转换 能力类型	样本量	均值	标准差	T统计量	P值	Cohens'd
低基础	弱转换	63	2.694	0.654	−7.329	0.000	−1.339
	强转换	59	3.640	0.769			
高基础	弱转换	56	2.839	0.695	−8.421	0.000	−1.548
	强转换	65	3.915	0.706			

4.4.3.2　主效应检验

基础层人力资本异质性对企业创新绩效的主效应检验采用独立样本t检验，对不同基础层人力资本异质性组（低vs高）间企业创新绩效进行差异性分析。结果显示：$M_{低基础}$=3.303，$M_{高基础}$= 3.821，$P<0.001$，$t=-5.719$，$Cohens'd=-0.737$（见表4-28），表明在基础层人力资本异质性组间企业创新绩效存在显著差异，且高基础层人力资本异质性组的企业创新绩效显著高于低基础层人力资本异质性组，H12得到支持。

表4-28　基础层主效应检验

变量	基础层人力资本 异质性类型	样本量	均值	标准差	T统计量	P值	Cohens'd
BIP	低基础	122	3.303	0.718	−5.719	0.000	−0.737
	高基础	121	3.821	0.693			

4.3.3.3　知识创造的中介效应

对于知识创造在基础层人力资本异质性（低vs高）与企业创新绩效间的中介效应，利用SPSS中宏插件PROCESS 4.1进行检验。模型纳入年龄、性别、最后学历、从事的行业与所学的专业是否一致性作为控制变量，将基础层人力资本异质性（低vs高）作为自变量，知识创造作为中介变量，企业创新绩效作为因变量，并将以上变量做标准化处理后纳入模型，分析结果如表4-29所示。

表4-29　知识创造的中介效应检验

	因变量		
	模型1（M1-BIP）	模型2（M2-KC）	模型3（M3-BIP）
基层人力资本异质性	0.342*** （0.061）	0.294*** （0.061）	0.244*** （0.061）
知识创造			0.335*** （0.062）
R^2	0.127	0.142	0.223
F	6.889***	7.850***	11.297***

注：*表示$P<0.05$，**表示$P<0.01$，***表示$P<0.001$；系数为标准化系数（β），括号内为标准误（Std.Error）。

回归模型1（M1-BIP）分析结果表明：基础层人力资本异质性对企业创新绩效存在正向影响（$P<0.001$，$\beta=0.342$），即高基础层人力资本异质性的企业创新绩效显著高于低基础层人力资本异质性，H12再次得到检验。

回归模型2（M2-KC）分析结果表明：基础层人力资本异质性对知识创造存在显著正向影响（$P<0.001$，$\beta=0.294$），即高基础层人力资本异质性的知识创造显著高于低基础层人力资本异质性。

回归模型3（M3-BIP）分析结果表明：基础层人力资本异质性对企业创新绩效存在显著正向影响（$P<0.001$，$\beta=0.244$），知识创造对企业创新绩效存在显著正向影响（$P<0.001$，$\beta=0.335$）。

在中介效应检验中，首先，参照依次检验法，中介前段路径为基础层人力资本异质性对知识创造存在显著正向影响（$P<0.001$，$\beta=0.294$），中介后段路径为知识创造对企业创新绩效存在显著正向影响（$P<0.001$，$\beta=0.335$），故认为基于依次检验结果，知识创造在基础层人力资本异质性与企业创新绩效间中介效应成立。其次，采用系数乘积法，经Bootstrap法（抽样次数=5 000）检验，知识创造在基础层人力资本异质性与企业创新绩效的中介效应的95%置信区间为[0.048，0.164]。置信区间不包含0，表明知识创造在基础层人力资本异质性与企业创新绩效之间存在中介效应，且标准化中介效

应值为0.099；又因为基础层人力资本异质性对企业创新绩效存在显著影响（95%CI=[0.124，0.363]，β=0.244），故认为知识创造在基础层人力资本异质性与企业创新绩效间发挥部分中介效应，中介效应占总效应的28.9%，假设H13成立。

4.3.3.4 知识转换能力的调节效应检验

本节采用基于均值中心化构建乘积项的形式，构建知识转换能力（弱 vs 强）与基础层人力资本异质性（低 vs 高）、基础层人力资本异质性与知识转换能力的交互效应等，以探究知识转换能力的调节效应。检验主要通过SPSS宏插件PROCESS 4.1中模型58（Model 58）对知识转换能力的调节效应以及知识创造的中介效应的调节效应进行检验。将知识创造作为中介变量，知识转换能力（弱 vs 强）作为调节变量，企业创新绩效作为因变量，并将以上变量做标准化处理后纳入模型。模型分析如表4-30所示。

表4-30　知识转换能力的调节效应

	因变量	
	模型4（M4-KC）	模型5（M5-BIP）
基础层人力资本异质性（低 vs 高）	0.284*** （0.058）	0.228*** （0.059）
知识转换能力（强 vs 强）	0.233*** （0.058）	0.272*** （0.058）
基础层人力资本异质性与知识转换能力的交互项	0.187** （0.058）	
知识创造		0.270*** （0.061）
知识创造与知识转换能力的交互项		0.109 （0.059）
R^2	0.228	0.299
F	9.889***	12.500***

注：*表示$P<0.05$，**表示$P<0.01$，***表示$P<0.001$；系数为标准化系数（β），括号内为标准误（Std.Error）。

回归模型4（M4-KC）分析结果表明：对于主效应而言，基础层人力资本异质性对知识创造存在显著正向影响（$P<0.001$，$\beta=0.284$）；对于调节变量主效应而言，知识转换能力对知识创造存在显著正向影响（$P<0.001$，$\beta=0.233$）；对于调节效应而言，交互项基础层人力资本异质性 × 知识转换能力对知识创造存在显著正向影响（$P<0.01$，$\beta=0.187$），即知识转换能力正向调节基础层人力资本异质性对知识创造的影响，假设H14成立。

回归模型5（M5-BIP）分析结果表明：对于主效应而言，知识创造对企业创新绩效存在显著正向影响（$P<0.001$，$\beta=0.270$）；对于调节变量主效应而言，知识转换能力对企业创新绩效的存在显著正向影响（$P<0.001$，$\beta=0.272$）；对于调节效应而言，交互项知识创造 × 知识转换能力对企业创新绩效不存在显著正向影响（$P>0.05$，不具统计学意义），假设H15不成立。

对于有调节的中介效应检验，首先，基于依次检验法，知识创造在基础层人力资本异质性和企业创新绩效间的中介效应显著；知识转换能力正向调节决策层人力资本异质性对知识创造的影响。故假设H16成立。其次，基于中介效应差异检验，强弱水平知识转换能力（$M \pm SD$）间知识创造在基础层人力资本异质性对企业创新绩效间中介效应差异的95%置信区间为[0.052，0.283]，置信区间不包含0。检验结果如表4-31所示，表明假设H16成立。

表4-31　基础层有调节中介效应检验

项	效应值	标准差	95% 置信下限	95% 置信上限
弱知识转换能力	0.015	0.019	−0.015	0.060
强知识转换能力	0.176	0.057	0.071	0.295
差异值	0.161	0.059	0.052	0.283

4.5 实验结果分析

将以上3个层次的实验研究假设检验结果汇总，如表4-32所示。本书提出的16个研究假设中有4个不成立。

表4-32　基于实验研究的假设检验结果

层级	假设	结果
决策层	H1：决策层人力资本异质性对高新技术企业创新绩效的提升具有促进作用	成立
	H2：决策层人力资本异质性通过内部环境优化的中介作用，促进高新技术企业创新绩效的提升	成立
	H4：外部关系维护能力正向调节决策层人力资本异质性与内部环境优化的关系	不成立
	H3：外部关系维护能力正向调节决策层人力资本异质性对企业创新绩效的影响	成立
	H5：外部关系维护能力正向调节内部环境优化与企业创新绩效的关系	不成立
	H6：外部关系维护能力调节内部环境优化在决策层人力资本异质性和企业创新绩效间的中介作用	不成立
核心层	H7：核心层人力资本管理技能异质性对高新技术企业创新绩效的提升具有促进作用	成立
	H8：管理效能的提升是核心层人力资本异质性促进高新技术企业创新绩效提升的中介变量	成立
	H9：内部环境优化在核心层人力资本异质性对企业创新绩效的影响中起调节作用	成立
	H10：内部环境优化在核心层人力资本异质性对管理效能提升的影响中起调节作用	成立
	H11：内部环境优化正向调节管理效能提升在核心层人力资本异质性和企业创新绩效间的中介作用	成立
基础层	H12：基础层人力资本异质性对高新技术企业创新绩效的提升具有促进作用	成立
	H13：基础层人力资本异质性通过知识创造的中介作用促进高新技术企业创新绩效的提升	成立
	H14：知识转换能力在基础层人力资本异质性与知识创造间起调节作用	成立
	H15：知识转换能力在知识创造与高新技术企业创新绩效间起调节作用	不成立
	H16：知识转换能力调节知识创造在基础层人力资本异质性和企业创新绩效间的中介作用	成立

第5章

人力资本异质性对高新技术企业创新绩效影响的调查研究

　　情境实验的优点在于可以检验因果关系，但也存在不足，即情境实验的外部效度不足。由此，本章进行实地调查研究，对前文提出的研究假设展开进一步检验，以提高研究结果的外部效度。本章将对前文提出的理论研究中涉及的人力资本异质性、企业创新绩效、内部环境优化、外部关系维护能力、管理效能提升、知识创造和知识转换能力等变量进行操作性的定义与测量。研究者经过小规模的讨论，对初始问卷进行修订，再根据预调研情况，对修订后的问卷题项进行探索性因子分析，最终形成正式量表，并利用问卷调查的方式收集数据。本章内容安排：首先，介绍问卷设计、变量的测量、数据的收集和描述性分析等内容；其次，采用Mplus对结构模型进行直接作用、中介作用检验以及有调节的中介效应进行检验。

5.1　研究设计

5.1.1　问卷设计

　　首先，为确保测量工具的质量，企业人力资本异质性测量量表由本书开发；其次，为了确保测量工具的准确性和可靠性，采用在国际顶级学术期刊上公开发表的并已验证有效性的成熟量表作为变量测量的基础。此处，将这些量表翻译成中文时，严格遵循标准的Brislin翻译—回译流程，确保翻译的准确性。在量表的选择、整理及初步调研阶段，积极征求相关领域专家的意见，并参考前期预调研的结果，对量表中的各项指标内容进行细致的修订和确认，从而形成最终的、经过优化和验证的测量量表。本书涉及的内部环境优化、外部关系维护能力、管理效能提升、知识创造和知识转换能力变量很难获得二手数据。同时，对于企业创新绩效采用调查问卷法已成为企业创新管理领域比较主流的方法，因此本书采用问卷调查方式收集数据。问卷设计的好坏直接影响数据收集的质量以及实证的结果，根据Bollen（1989）的建议，本书的问卷设计做到了以下7点：①问卷量表采用Likert-5尺度（其中，1代表完全不同意或极不符合；2代表不同意或不符合；3代表一般同意或一般符合；4代表基本同意或基本符合；5代表非常同意或非常符合），受访者面向高新技术企业核心管理者，问卷采用5级量表，未进行高区分度和高敏感度的划分，以进一步保证量表的信度和效度；②每个潜在构成面至少有3个测量题目；③每一个测量题目均没有横跨到其他潜在因素上；④除人力资本异质性量表由研究者开发外，其他量表均引用自知名学者；⑤理论架构根据学者提出的理论做修正；⑥模型主要构成面维持在5个以内，不宜超过7个；⑦模型中潜在因素至少有两个。此外，在问卷内容设置方面，考虑：①问题设置的必要性；②问题设置的敏感性和威胁性；③问题的引导性。在问题的用语方面，①清晰易懂、避免模糊；②避免二合一的问题；③避免使用行话；④注意填答者的参考构架。在问卷设置方面，①采用了题项意义隐匿法，即在问卷调查中将变量名称隐匿；②采用匿名填报，填写问卷的人员不用留下姓名，降低填写问卷人员的顾虑；③采用反向题项设计法，降低填答者在填答问卷时的随意性和一致性惯性思维，如内部环境优化中对员工开展创新活动的支持下的第3题："您所在企业高层决策者的职能背景差异不大。"

初始问卷形成后，邀请学校工商管理专业的教授和博士研究生组成调查问卷修订团队，对问卷维度的科学性、内容的合理性和表述的准确性进行了多轮修订与完善，并经问卷预测试，结合问卷填报者的意见和建议，确定最终调查问卷。通过上述调查问卷的设计流程，在一定程度上确保了本书设计的调查问卷的信度和效度。

5.1.2 研究工具与变量测量

本研究采用SPSS 26.0、Mplus 8.3对数据进行统计分析。

（1）描述性分析。分类变量采用频数和百分比进行描述；数值型变量采用均数和标准差进行描述，变量的分布特征采用峰度和偏度呈现。

（2）量表数据质量分析。以Harman单因素检验法作为共同方法偏差的检验方法，将Cronbach's α（克朗巴赫α系数）作为信度测量指标，通过探索性因子分析与验证性因子分析评估量表效度，通过组合信度和平均方差提取量表聚合效度，若双构念模型的拟合若优于单构念模型，则表明区分效度佳。

（3）相关分析。通过相关分析考察各变量的相互关系。

（4）通过Mplus 8.3建立潜变量结构方程模型。研究一：决策层人力资本异质性影响高新技术企业创新绩效的机理；研究二：核心层人力资本异质性影响高新技术企业创新绩效的机理；研究三：基础层人力资本异质性影响高新技术企业创新绩效的机理。

本章各变量测量与第2章和第4章给出的变量测量一致，在这里不再赘述。

5.1.3　样本选择与数据收集

数据收集通过网络问卷调查的方式进行。调研对象选择广东、江苏、北京、浙江、湖北、四川、黑龙江200家高新技术企业。之所以选择这几个省份，是因为这几个省份高新技术企业数量较多，能够代表我国绝大多数高新技术企业。调研前向企业人力资源管理部门工作人员介绍调研内容。由于问卷涉及题项较多，高层决策者因时间原因无法填答问卷。为保证问卷质量，将高层决策者和基层员工问卷题项，在不改变原意的前提下改为由核心管理者他评题项。量表的有效性检验采用验证性因子分析，理论模型的准确性使用结构方程模型（SEM）进行验证，因此需要对样本容量给出限制。学术界并未对因子分析和结构方程模型所需的样本容量达成共识，本章采用吴明隆认可的观点，题项数与调研人员数比例达到1∶5左右为宜，样本数量越大，越能真实体现变量之间的因果关系。本章涉及的题项有59个，题项和调研人员的比例控制在1∶5，正式问卷的样本量在300份以上。按照此种方式发放900份问卷，累计收回问卷821份。剔除无效问卷，获得有效问卷616份，有效回收率为75%，符合进一步分析要求。

5.1.4 样本数据描述性统计分析及检验

5.1.4.1 调查样本特征

在616份有效样本中，生产技术部285人，占比为46.3%；计划运营部158人，占比为25.6%。可见，被调研者多为技术研发人员。在年龄方面，25岁及以下18人，占比为2.9%；25~35岁123人，占比为20.0%；35~45岁355人，占比为57.6%；45~55岁106人，占比为17.2%；55岁以上14人，占比为2.3%；35岁以上971人，占比为77.1%。在性别方面，男性404人，占比为65.6%；女性212人，占比为34.4%。在最高学历方面，研究生11人，占比为1.8%；本科生123人，占比为20.0%；大专生299人，占比为48.5%；大专生以下183人，占比为29.7%。在所学的专业与从事的行业一致性方面，一致的有516人，占比为83.8%，不一致的有100人，占比为16.2%。在企业所有制方面，来自国有企业有126人，占比为20.5%；来自私营企业有375人，占比为60.9%；来自其他性质企业有115人，占比为18.7%。在企业所在地上，广东省有62人，占10.1%；江苏省有52人，占8.4%；北京市有80人，占13.0%；浙江省有123人，占20.0%；湖北省有80人，占13.0%；四川省有92人，占14.9%；黑龙江省有127人，占20.6%。之所以仍选择这几个省份，是因为这几个省份高新技术企业数量较多，能够代表我国大多数高新技术企业。在企业成立年限方面，来自成立1~3年的企业有12人，占1.9%；来自成立3~6年的企业有185人，占30.0%；来自成立6~9年的企业有348人，占56.5%；来自成立9年以上的企业有71人，占11.5%，成立3年以上的企业占比超过90%，由此说明调研的高新技术企业主要是处于成长成熟期企业。在企业职工总数方面，来自100人以下的企业有132人，占比为21.4%；来自100~200人的企业有188人，占比为30.5%；来自200~300人以下的企业有174人，占比为28.2%；来自300~500人以下的企业有122人，占比为19.8%；

职位层次方面，高层管理者85人占比13.8%，中层管理者203人占比33%，低层管理者328人占比53.2%。再次说明问卷调研对象均为中小型高新技术企业的核心管理者（见表5-1）。

表5-1　问卷调查样本数据基本信息

变量	项目	人数（人）	占比（%）
所在部门	综合部	47	7.6
	生产技术部	285	46.3
	计划运营部	158	25.6
	安全监察部	126	20.5
年龄	25岁及以下	18	2.9
	25～35岁	123	20.0
	35～45岁	355	57.6
	45～55岁	106	17.2
	55岁以上	14	2.3
性别	男	404	65.6
	女	212	34.4
最高学历	研究生	11	1.8
	本科	123	20.0
	大专	299	48.5
	大专以下	183	29.7
所学的专业与从事的行业是否一致	是	516	83.8
	否	100	16.2
企业所有制	国有企业	126	20.5
	私营企业	375	60.9
	其他	115	18.7
企业所在地	广东省	62	10.1
	江苏省	52	8.4
	北京市	80	13.0
	浙江省	123	20.0
	湖北省	80	13.0
	四川省	92	14.9
	黑龙江省	127	20.6

变量	项目	人数（人）	占比（%）
企业成立年限	1～3年	12	1.9
	3～6年	185	30.0
	6～9年	348	56.5
	9年以上	71	11.5
企业职工总数	100人以下	132	21.4
	100～200人	188	30.5
	200～300人	174	28.2
	300～500人	122	19.8
职位层次	高层管理者	85	13.8
	中层管理者	203	33.0
	低层管理者	328	53.2

5.1.4.2 变量描述性统计分析

利用SPSS 26.0对616份有效样本进行统计分析，问卷题项/变量的偏度和峰度的绝对值最大值分别为0.666与1.800，均小于2，表明数据呈正态分布，故满足后续分析条件。变量描述性统计分析如表5-2所示。

表5-2　变量描述性统计分析

观察变量	数量	最小值	最大值	均值	标准差	偏度	峰度
DDMA1	616	1.000	5.000	3.528	0.861	−0.185	0.168
DDMA2	616	1.000	5.000	3.594	0.863	−0.164	0.026
DDMA3	616	1.000	5.000	3.706	0.892	−0.339	0.100
DDMA	616	1.000	5.000	3.609	0.747	−0.241	0.555
DIC1	616	1.000	5.000	3.503	0.914	−0.304	0.155
DIC2	616	1.000	5.000	3.688	0.852	−0.117	−0.266
DIC3	616	1.000	5.000	3.638	0.871	−0.087	−0.277
DIC	616	1.000	5.000	3.610	0.750	0.080	0.158
DLA1	616	1.000	5.000	3.731	0.845	−0.072	−0.477
DLA2	616	1.000	5.000	3.560	0.889	−0.287	0.156

续　表

观察变量	数量	最小值	最大值	均值	标准差	偏度	峰度
DLA3	616	1.000	5.000	3.612	0.900	−0.137	−0.082
DLA4	616	1.000	5.000	3.656	0.868	−0.052	−0.368
DLA	616	1.000	5.000	3.640	0.730	0.052	−0.016
DMTD	616	1.917	5.000	3.620	0.611	0.085	−0.112
MS1	616	1.000	5.000	3.604	0.862	−0.072	−0.154
MS2	616	1.000	5.000	3.781	0.877	−0.196	−0.471
MS3	616	1.000	5.000	3.666	0.868	−0.136	−0.244
MS	616	1.000	5.000	3.683	0.750	−0.055	−0.083
RSS1	616	1.000	5.000	3.718	0.871	−0.233	−0.137
RSS2	616	1.000	5.000	3.674	0.899	−0.293	−0.044
RSS3	616	1.000	5.000	3.776	0.856	−0.130	−0.451
RSS	616	1.000	5.000	3.722	0.734	−0.147	0.279
RWS1	616	1.000	5.000	3.706	0.867	−0.086	−0.386
RWS2	616	1.000	5.000	3.468	0.984	−0.202	−0.162
RWS3	616	1.000	5.000	3.625	0.909	−0.218	−0.037
RWS	616	1.000	5.000	3.600	0.777	−0.083	0.236
OC1	616	1.000	5.000	3.606	0.912	−0.173	−0.076
OC2	616	1.000	5.000	3.692	0.905	−0.265	0.017
OC3	616	1.000	5.000	3.750	0.894	−0.200	−0.322
OC	616	1.000	5.000	3.682	0.774	−0.066	0.039
OS1	616	1.000	5.000	3.719	0.827	−0.044	−0.410
OS2	616	1.000	5.000	3.602	0.883	−0.355	0.387
OS3	616	1.000	5.000	3.661	0.872	−0.286	0.050
OS	616	1.000	5.000	3.661	0.730	−0.294	0.462
OIE	616	1.733	5.000	3.670	0.580	0.060	0.325
ERMC1	616	1.000	5.000	3.484	0.848	0.019	−0.221
ERMC2	616	1.000	5.000	3.782	0.789	−0.192	−0.118
ERMC3	616	1.000	5.000	3.817	0.778	−0.105	−0.456
ERMC4	616	1.000	5.000	3.807	0.790	−0.139	−0.338
ERMC	616	1.750	5.000	3.722	0.670	0.036	−0.269

观察变量	数量	最小值	最大值	均值	标准差	偏度	峰度
DTS1	616	1.000	5.000	3.224	0.756	−0.192	−0.131
DTS2	616	1.000	5.000	3.175	0.747	−0.297	−0.528
DTS3	616	1.000	5.000	3.356	0.851	−0.179	−0.434
DTS	616	1.000	5.000	3.252	0.669	−0.397	0.103
DIS1	616	1.000	5.000	3.367	0.802	−0.188	−0.171
DIS2	616	1.000	5.000	3.503	0.842	−0.314	−0.189
DIS3	616	1.000	5.000	3.437	0.808	−0.267	−0.118
DIS	616	1.000	5.000	3.436	0.716	−0.388	0.409
DCS1	616	1.000	5.000	3.420	0.807	−0.197	−0.112
DCS2	616	1.000	5.000	3.304	0.772	−0.304	−0.147
DCS3	616	1.000	5.000	3.455	0.813	−0.208	−0.101
DCS	616	1.000	5.000	3.393	0.684	−0.310	0.533
CDMS	616	1.111	5.000	3.360	0.565	−0.528	1.800
IME1	616	1.000	5.000	3.367	0.935	−0.107	−0.066
IME2	616	1.000	5.000	3.430	0.908	−0.236	0.163
IME3	616	1.000	5.000	3.325	0.972	−0.208	−0.094
IME4	616	1.000	5.000	3.289	0.938	−0.023	−0.094
IME5	616	1.000	5.000	3.239	0.902	0.019	0.131
IME	616	1.000	5.000	3.330	0.764	0.225	0.469
KDTE1	616	1.000	5.000	3.495	0.836	−0.018	−0.004
KDTE2	616	1.000	5.000	3.433	0.853	−0.013	0.106
KDTE3	616	1.000	5.000	3.357	0.838	0.032	0.259
KDTE	616	1.000	5.000	3.429	0.731	0.247	0.396
KCC1	616	1.000	5.000	3.659	0.966	−0.044	−0.620
KCC2	616	1.000	5.000	3.760	0.956	−0.355	−0.136
KCC3	616	1.000	5.000	3.487	1.077	−0.334	−0.285
KCC4	616	1.000	5.000	4.068	0.895	−0.666	−0.016
KCC	616	1.000	5.000	3.744	0.793	−0.084	−0.231
KC1	616	1.000	5.000	3.792	0.851	−0.304	−0.059
KC2	616	1.000	5.000	3.875	0.834	−0.218	−0.451
KC3	616	1.000	5.000	3.711	0.864	−0.227	−0.025
KC	616	1.000	5.000	3.793	0.745	−0.137	−0.095

续 表

观察变量	数量	最小值	最大值	均值	标准差	偏度	峰度
MIP1	616	1.000	5.000	3.964	0.933	−0.411	−0.728
MIP2	616	1.000	5.000	3.813	0.942	−0.241	−0.686
MIP3	616	1.000	5.000	3.807	1.045	−0.499	−0.394
MIP	616	1.333	5.000	3.861	0.832	−0.240	−0.699
TIP1	616	1.000	5.000	3.732	0.847	−0.218	−0.172
TIP2	616	1.000	5.000	3.821	0.860	−0.326	−0.031
TIP3	616	1.000	5.000	3.765	0.882	−0.406	0.168
TIP	616	1.000	5.000	3.773	0.741	−0.188	0.222
BIP	616	1.167	5.000	3.817	0.687	−0.222	0.057

注：DDMA=决策能力差异，DIC=创新能力差异，DLA=学习能力差异，DMTD=决策层人力资本异质性，MS=管理支持，RSS=资源支持，RWS=报酬支持，OC=组织文化，OS=组织结构，OIE=内部环境优化，ERMC=外部关系维护能力，MIP=管理创新绩效，TIP=技术创新绩效，BIP=企业创新绩效，KDTE=基础层人力资本异质性，KCC=知识转换能力，KC=知识创造，DTS=技术技能差异，DIS=人际技能差异，DCS=概念技能差异，CDMS=核心层人力资本异质性，IME=管理效能提升。下同。

5.1.4.3 数据质量分析

（1）同源方差检验。采用Harman单因子法和控制未测量的潜在因子法对可能存在的共同方法偏差进行检验。共提取出特征值大于1的成分15个，累计方差解释率为68.739%，未经旋转的第一个成分的方差解释率为22.638%，小于50%，故认为问卷不存在严重的共同方法偏差（见表5-3）。

表5-3 同源方差检验

成分	初始特征值		
	总计	方差百分比	累计（%）
1	13.357	22.638	22.638
2	4.914	8.328	30.967
3	3.478	5.895	36.862
4	3.020	5.118	41.980
5	2.211	3.747	45.728

成分	初始特征值		
	总计	方差百分比	累计（%）
6	2.077	3.520	49.248
7	1.760	2.984	52.232
8	1.459	2.473	54.705
9	1.378	2.336	57.041
10	1.273	2.157	59.198
11	1.235	2.093	61.291
12	1.181	2.001	63.292
13	1.132	1.918	65.210
14	1.059	1.795	67.005
15	1.024	1.735	68.739
16	0.985	1.670	70.409
17	0.870	1.474	71.884
18	0.857	1.452	73.336

（2）量表信度检验。对量表所涉及的变量进行信度分析，所测得各变量及其各测量题项的Cronbach's α值如表5-4所示。从该表中可以看出，决策层人力资本异质性、内部环境优化、外部关系维护能力、企业创新绩效的Cronbach's α值分别为0.883、0.905、0.856、0.841，基础层人力资本异质性、知识转换能力、知识创造的Cronbach's α值分别为0.837、0.828、0.849，核心层人力资本异质性、管理技能提升的Cronbach's α值分别为0.874、0.879，均在0.7以上，说明该题项具有良好的一致性和稳定性。另外，校正项总计相关性（CITC）的值在0.578～0.750之间，大于最低标准的接受值0.4，且各测量题项的删除后的克朗巴赫 α 值均明显比该维度的Cronbach's α 值小，表明量表中各测量题项具有较高的信度，能够较稳定地、一致地反映样本情况，符合统计学的要求。

表5-4　量表信度检验

变量	题项	校正的题项与总体的相关性	题项删除后的克朗巴赫 α 系数	Cronbach's α 系数	题项个数（个）
DDMA	DDMA1	0.674	0.747	0.818	3
	DDMA2	0.632	0.788		
	DDMA3	0.708	0.711		
DIC	DIC1	0.600	0.811	0.813	3
	DIC2	0.695	0.712		
	DIC3	0.701	0.705		
DLA	DLA1	0.693	0.815	0.854	4
	DLA2	0.653	0.832		
	DLA3	0.695	0.814		
	DLA4	0.742	0.794		
DMTD				0.883	10
MS	MS1	0.659	0.789	0.828	3
	MS2	0.650	0.798		
	MS3	0.750	0.696		
RSS	RSS1	0.623	0.720	0.789	3
	RSS2	0.647	0.694		
	RSS3	0.619	0.725		
RWS	RWS1	0.654	0.712	0.797	3
	RWS2	0.644	0.722		
	RWS3	0.628	0.736		
OC	OC1	0.64	0.782	0.819	3
	OC2	0.69	0.738		
	OC3	0.69	0.734		
OS	OS1	0.625	0.758	0.804	3
	OS2	0.672	0.708		
	OS3	0.654	0.727		
OIE				0.905	15

变量	题项	校正的题项与总体的相关性	题项删除后的克朗巴赫 α 系数	Cronbach's α 系数	题项个数（个）
ERMC	ERMC1	0.671	0.830	0.856	4
	ERMC2	0.717	0.810		
	ERMC3	0.741	0.800		
	ERMC4	0.672	0.828		
MIP	MIP1	0.684	0.726	0.813	3
	MIP2	0.678	0.731		
	MIP3	0.637	0.778		
TIP	TIP1	0.662	0.770	0.822	3
	TIP2	0.713	0.719		
	TIP3	0.658	0.776		
BIP				0.841	6
KDTE	KDTE1	0.704	0.769	0.837	3
	KDTE2	0.726	0.748		
	KDTE3	0.668	0.804		
KCC	KCC1	0.578	0.817	0.828	4
	KCC2	0.753	0.739		
	KCC3	0.667	0.780		
	KCC4	0.635	0.793		
KC	KC1	0.701	0.806	0.849	3
	KC2	0.716	0.791		
	KC3	0.737	0.771		
DTS	DTS1	0.718	0.683	0.811	3
	DTS2	0.665	0.738		
	DTS3	0.609	0.803		
DIS	DIS1	0.731	0.776	0.849	3
	DIS2	0.689	0.817		
	DIS3	0.733	0.774		
DCS	DCS1	0.688	0.738	0.820	3
	DCS2	0.693	0.735		
	DCS3	0.643	0.785		

续　表

变量	题项	校正的题项与总体的相关性	题项删除后的克朗巴赫 α 系数	Cronbach's α 系数	题项个数（个）
CDMS				0.874	9
IME	IME1	0.721	0.851	0.879	5
	IME2	0.713	0.853		
	IME3	0.635	0.860		
	IME4	0.731	0.848		
	IME5	0.708	0.854		

（3）验证性因子分析。进一步用验证性因子分析探讨问卷效度，采用 Mplus 8.3 建立量表验证性因子分析模型。验证性因子分析模型拟合指数均达到拟合标准，标准化路径系数均大于 0.50，表明因子载荷均较大。一阶和二阶的验证性因子分析中的平均方差提取量（*AVE*）均大于 0.50，可以认为各维度均具有较好的收敛效度。一阶和二阶验证性因子分析中的组合信度（*CR*）均高于 0.70，可以认为各维度具有较好的组合信度。因此，从验证性因子分析角度认为本章的量表效度较好。具体验证性因子分析结果如表 5-5 所示。

表 5-5　验证性因子分析

变量	题项	标准化因子载荷	标准误	*T* 统计量	*P* 值	组合信度（*CR*）	平均方差提取量（*AVE*）
First order							
*DDMA**	DDMA1	0.777	0.022	35.549	0.000	0.820	0.604
	DDMA2	0.722	0.024	29.510	0.000		
	DDMA3	0.828	0.020	41.325	0.000		
DIC	DIC1	0.676	0.026	25.747	0.000	0.819	0.603
	DIC2	0.845	0.018	45.666	0.000		
	DIC3	0.799	0.020	39.620	0.000		
DLA	DLA1	0.732	0.025	29.805	0.000	0.796	0.565
	DLA2	0.733	0.024	30.229	0.000		
	DLA3	0.789	0.022	35.753	0.000		

变量	题项	标准化因子载荷	标准误	T统计量	P值	组合信度（CR）	平均方差提取量（AVE）
MS	MS1	0.757	0.022	35.040	0.000	0.833	0.626
	MS2	0.741	0.022	33.165	0.000		
	MS3	0.869	0.017	50.951	0.000		
RSS	RSS1	0.740	0.024	30.295	0.000	0.789	0.555
	RSS2	0.748	0.024	31.115	0.000		
	RSS3	0.747	0.024	30.997	0.000		
RWS	RWS1	0.780	0.023	34.158	0.000	0.798	0.569
	RWS2	0.748	0.024	31.116	0.000		
	RWS3	0.734	0.025	29.723	0.000		
OC	OC1	0.747	0.023	32.475	0.000	0.821	0.604
	OC2	0.784	0.021	37.106	0.000		
	OC3	0.800	0.020	39.105	0.000		
OS	OS1	0.768	0.022	34.570	0.000	0.803	0.576
	OS2	0.784	0.022	36.380	0.000		
	OS3	0.724	0.024	29.919	0.000		
ERMC	ERMC1	0.743	0.022	33.178	0.000	0.858	0.603
	ERMC2	0.799	0.019	41.794	0.000		
	ERMC3	0.826	0.018	45.982	0.000		
	ERMC4	0.733	0.023	32.379	0.000		
DTS	DTS1	0.845	0.019	43.903	0.000	0.820	0.604
	DTS2	0.774	0.022	35.874	0.000		
	DTS3	0.707	0.025	28.040	0.000		
DIS*	DIS1	0.838	0.017	48.335	0.000	0.850	0.654
	DIS2	0.760	0.021	36.154	0.000		
	DIS3	0.826	0.018	46.383	0.000		
DCS*	DCS1	0.807	0.020	39.408	0.000	0.822	0.606
	DCS2	0.782	0.021	36.701	0.000		
	DCS3	0.745	0.023	31.944	0.000		

续　表

变量	题项	标准化因子载荷	标准误	T统计量	P值	组合信度（CR）	平均方差提取量（AVE）
IME*	IME1	0.774	0.019	39.749	0.000	0.880	0.594
	IME2	0.772	0.020	39.313	0.000		
	IME3	0.738	0.022	34.317	0.000		
	IME4	0.793	0.019	42.675	0.000		
	IME5	0.775	0.020	39.525	0.000		
KDTE*	KDTE1	0.799	0.020	40.714	0.000	0.838	0.634
	KDTE2	0.827	0.018	44.710	0.000		
	KDTE3	0.761	0.022	35.226	0.000		
KCC*	KCC1	0.648	0.027	23.866	0.000	0.834	0.560
	KCC2	0.864	0.017	49.698	0.000		
	KCC3	0.759	0.022	34.975	0.000		
	KCC4	0.705	0.024	28.879	0.000		
KC*	KC1	0.774	0.021	37.401	0.000	0.849	0.653
	KC2	0.803	0.020	41.164	0.000		
	KC3	0.846	0.018	47.519	0.000		
MIP*	MIP1	0.789	0.020	38.653	0.000	0.817	0.598
	MIP2	0.797	0.020	39.857	0.000		
	MIP3	0.733	0.023	31.703	0.000		
TIP*	TIP1	0.758	0.022	34.302	0.000	0.824	0.610
	TIP2	0.829	0.019	43.365	0.000		
	TIP3	0.753	0.022	33.609	0.000		
Second order							
DMTD**	DDMA	0.706	0.033	21.641	0.000	0.836	0.631
	DIC	0.815	0.028	28.859	0.000		
	DLA	0.855	0.029	29.845	0.000		
OIE**	MS	0.758	0.027	28.364	0.000	0.887	0.611
	RSS	0.789	0.027	29.475	0.000		
	RWS	0.725	0.030	24.386	0.000		
	OC	0.771	0.027	28.860	0.000		
	OS	0.859	0.023	36.821	0.000		

变量	题项	标准化因子载荷	标准误	T统计量	P值	组合信度（CR）	平均方差提取量（AVE）
CDMS**	DTS	0.722	0.032	22.835	0.000	0.818	0.600
	DIS	0.827	0.027	30.979	0.000		
	DCS	0.772	0.029	26.290	0.000		
BIP**	MIP	0.840	0.026	31.958	0.000	0.777	0.636
	TIP	0.753	0.028	26.528	0.000		

注：*为一阶；**为二阶。

（4）量表区分效度。区分效度是指当使用不同的测量方法来评估不同的构念时，所得到的测量结果能够清晰地区分开来，避免了混淆。评估区分效度，验证性因子分析是一种常用的技术手段。其核心在于假设两个概念各自独立的拟合效果是否优于单构念模型。本章根据温忠麟和Rogers等学者的研究成果，采取一种简化策略，将各个子维度的题项进行平均化处理，从而降低数据的维度，将其整合到一阶模型中，以便进行区分效度的分析和验证。通过Mplus 8.3建立验证性因子模型，决策层以4因子模型为基准模型，模型拟合度指标为$\chi^2/df=1.782<5$，RMSEA=0.036<0.08，CFI=0.983>0.9，TLI=0.978>0.9；核心层以4因子模型为基准模型，模型拟合度指标为$\chi^2/df=1.582<5$，RMSEA=0.031<0.08，SRMR=0.027<0.08，CFI=0.984>0.9，TLI=0.981>0.9；基础层以4因子模型为基准模型，模型拟合度指标为$\chi^2/df=1.799<5$，RMSEA=0.036<0.08，SRMR=0.028<0.08，CFI=0.988>0.9，TLI=0.984>0.9。模型拟合度均达到标准，比其他模型拟合度更优，这表明变量间具有良好的区分效度。量表区分效度检验结果如表5-6所示。

表5-6　量表区分效度检验

模型	因子数	Model	χ^2	df	χ^2/df	RMSEA	SRMR	CFI	TLI
决策层	4因子	DMTD、OIE、ERMC、BIP	126.538	71	1.782	0.036	0.032	0.983	0.978
	3因子	DMTD+OIE、ERMC、BIP	457.470	74	6.182	0.092	0.065	0.881	0.853
	2因子	DMTD+OIE+ERMC、BIP	1 238.283	76	16.293	0.158	0.109	0.639	0.568
	1因子	DMTD+OIE+ERMC+BIP	1 320.091	77	17.144	0.162	0.111	0.614	0.543

续　表

模型	因子数	Model	χ^2	df	χ^2/df	RMSEA	SRMR	CFI	TLI
核心层	4 因子	*OIE、CDMS、IME、BIP*	197.731	125	1.582	0.031	0.027	0.984	0.981
	3 因子	*OIE+CDMS、IME、BIP*	792.178	129	6.141	0.091	0.109	0.858	0.831
	2 因子	*OIE+CDMS+IME、BIP*	1 432.058	132	10.849	0.126	0.118	0.721	0.676
	1 因子	*OIE+CDMS+IME+BIP*	2 120.281	135	15.706	0.155	0.125	0.574	0.517
基础层	4 因子	*KDTM、KCC、KC、BIP*	86.360	48	1.799	0.036	0.028	0.988	0.984
	3 因子	*KDTM+KCC、KC、BIP*	748.070	51	14.668	0.149	0.094	0.784	0.720
	2 因子	*KDTM+KCC+KC、BIP*	1 139.462	53	21.499	0.182	0.173	0.663	0.581
	1 因子	*KDTM+KCC+KC+BIP*	1 194.554	54	22.121	0.185	0.108	0.647	0.568

5.1.4.4　相关性分析

决策层、基础层、核心层人力资本异质性与企业创新绩效存在显著正相关性（$P<0.01$），Pearson 相关系数分别为 0.428、0.502、0.478；内部环境优化、知识创造、管理效能提升与企业创新绩效也存在显著正相关性（$P<0.01$），Pearson 相关系数分别为 0.413、0.479、0.490；其余变量相关分析结果如表 5-7 所示。

表 5-7　各变量间的相关性

变量	均值	标准差	DMTD	KDTE	CDMS	OIE	ERMC	IME	ERMC	KCC	BIP
DMTD	3.620	0.611	0.794								
KDTE	3.429	0.731	0.375**	0.796							
CDMS	3.360	0.565	0.253**	0.396**	0.775						
OIE	3.670	0.580	0.402**	0.314**	0.217**	0.782					
KC	3.793	0.745	0.235**	0.479**	0.216**	0.202**	0.808				
IME	3.330	0.764	0.233**	0.266**	0.498**	0.238**	0.179**	0.771			
ERMC	3.722	0.670	0.252**	0.274**	0.272**	0.347**	0.222**	0.222**	0.777		
KCC	3.744	0.793	0.230**	0.362**	0.195**	0.176**	0.368**	0.181**	0.192**	0.748	
BIP	3.817	0.687	0.428**	0.502**	0.478**	0.413**	0.479**	0.490**	0.397**	0.390**	0.797

注：* 表示 $P<0.05$，** 表示 $P<0.01$；对角线为平均方差提取量（AVE）的开方值。

5.2 决策层人力资本异质性对高新技术企业创新绩效影响的机理检验

5.2.1 直接作用检验

决策层人力资本异质性是指高新技术企业高层决策者思维决策能力差异，本节检验高层决策者思维决策能力差异对高新技术企业创新绩效的促进作用。决策层思维决策能力的丰富性可以为企业带来更为丰富的信息资源和外部关系资源，促进高层决策者管理创新，进而提升管理创新绩效，同时带动企业内部技术创新，促进整个高新技术企业创新绩效的提升。由内部环境优化的中介效应检验结果可以得到，决策层人力资本异质性对企业创新绩效存在显著正向影响（$P<0.001$，$\beta=0.392$），表明决策层人力资本异质性对企业创新绩效影响显著，假设H1成立。

5.2.2 内部环境优化的中介作用检验

依据第4章中介效应的检验方法，上述决策层人力资本异质性对高新技术企业创新绩效影响的内部环境优化中介效应结构模型，包括如下3个方面内容：第一，决策层人力资本异质性—内部环境优化；第二，决策层人力资本异质性、内部环境优化—高新技术企业创新绩效；第三，决策层人力资本异质性—高新技术企业创新绩效。加入企业成立年限和所有制控制变量，使用Mplus 8.3工具进行检验。结果显示，模型的各项拟合指标 $\chi^2/df=1.934<5$，RMSEA=0.039<0.08，SRMR=0.038<0.08，CFI=0.974>0.9，TLI=0.966>0.9，表明模型拟合优度良好。决策层内部环境优化的中介效应检验结果如图5-1及表5-8所示。

由表5-8可知，在加入内部环境优化这一中介变量后，决策层人力资本异质性对高新技术企业创新绩效仍存在显著正向影响，决策层人力资本异质性对内部环境优化影响的效应值是0.512，内部环境优化对高新技术企业创新绩效的影响效应值是0.337。决策层人力资本异质性对内部环境优化存在显著正向影响（ $P<0.001$ ， $\beta=0.512$ ），内部环境优化对企业创新绩效存在显著正向影响（ $P<0.001$ ， $\beta=0.337$ ），假设H2成立。

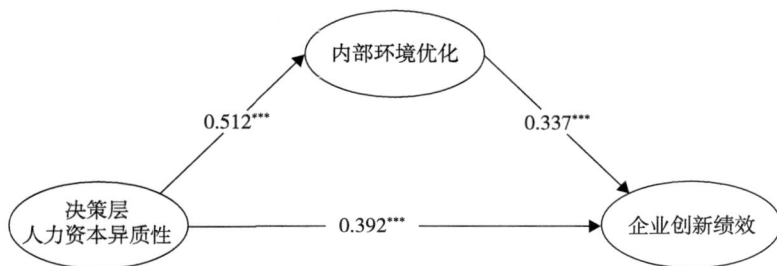

图5-1 内部环境优化的中介作用测量模型

表5-8 决策层内部环境优化的中介作用检验

不同模型	路径			标准化系数	标准误	T统计量	P值
结构模型	DMTD	→	OIE	0.512	0.062	8.315	0.000
	DMTD	→	BIP	0.392	0.079	4.975	0.000
	OIE	→	BIP	0.337	0.084	4.001	0.000
测量模型	DMTD	→	DDMA	0.653	0.039	16.887	0.000
	DMTD	→	DIC	0.736	0.037	19.868	0.000
	DMTD	→	DLA	0.769	0.033	23.121	0.000
	OIE	→	MS	0.700	0.033	21.396	0.000
	OIE	→	RSS	0.701	0.032	21.828	0.000
	OIE	→	RWS	0.648	0.036	17.794	0.000
	OIE	→	OC	0.701	0.028	25.216	0.000
	OIE	→	OS	0.764	0.037	20.448	0.000
	BIP	→	MIP	0.758	0.041	18.641	0.000
	BIP	→	TIP	0.682	0.046	14.906	0.000

参照MacKinnon等（2004）建议的偏差校正的非参数百分位Bootstrap方法，运用Mplus 8.3构建潜变量中介模型，Bootstrap法重复抽样5 000次，内部环境优化在决策层人力资本异质性对企业创新绩效间中介效应的95%置信

区间为[0.119、0.368]，置信区间不包含0，表明内部环境优化在决策层人力资本异质性与企业创新绩效间中介效应显著，且标准化中介效应值为0.173，中介效应占总效应的30.67%。具体内部环境优化中介效应如表5-9所示。

表5-9　内部环境优化的中介作用

效应	效应值	标准误	T统计量	P值	95% 置信区间	
					置信下限	置信上限
总效应	0.564	0.059	9.628	0.000	0.538	0.917
直接效应	0.392	0.079	4.975	0.000	0.299	0.732
间接效应	0.173	0.046	3.749	0.000	0.119	0.368

5.2.3 外部关系维护能力调节下的内部环境优化中介作用检验

目前调节效应的分析方法包括多因素方差分析ANOVA、乘积项（Product-Indicator）、分组回归、潜变量交互效应、多群组结构方程模型。

依据第4章有调节的中介作用检验的方法，采用构建结构方程模型并基于潜变量交互效应对外部关系维护能力的调节作用进行检验。为了使模型简略，模型未呈现控制变量影响路径。决策层外部关系维护能力调节下的内部环境优化中介作用检验结果如图5-2及表5-10所示。

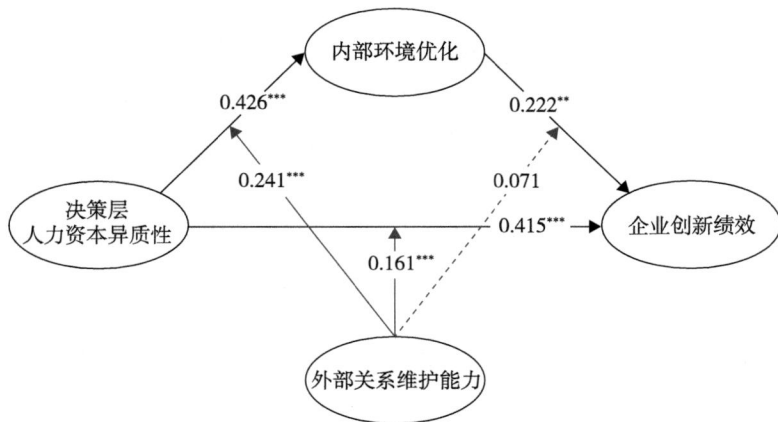

图5-2　决策层有调节的中介作用检验测量模型

表5-10　决策层有调节的中介效应检验

不同模型	路径			标准化系数	标准误	*T*统计量	*P*值
结构模型	DMTD	→	OIE	0.426	0.059	7.268	0.000
	ERMC	→	OIE	0.144	0.025	5.865	0.000
	DMTD × ERMC	→	OIE	0.241	0.052	4.641	0.000
	DMTD	→	BIP	0.415	0.080	5.182	0.000
	OIE	→	BIP	0.222	0.075	2.976	0.003
	ERMC	→	BIP	0.161	0.032	5.013	0.000
	DMTD × ERMC	→	BIP	0.244	0.078	3.134	0.002
	OIE × ERMC	→	BIP	0.071	0.062	1.144	0.253
测量模型	DMTD	→	DDMA	1.000			
	DMTD	→	DIC	1.124	0.082	13.666	0.000
	DMTD	→	DLA	1.125	0.083	13.619	0.000
	ERMC	→	ERMC1	0.632	0.031	20.354	0.000
	ERMC	→	ERMC2	0.626	0.028	22.328	0.000
	ERMC	→	ERMC3	0.640	0.027	23.461	0.000
	ERMC	→	ERMC4	0.583	0.029	20.122	0.000
	OIE	→	MS	1.000			
	OIE	→	RSS	0.984	0.065	15.248	0.000
	OIE	→	RWS	0.964	0.069	13.983	0.000
	OIE	→	OC	1.038	0.068	15.234	0.000
	OIE	→	OS	1.062	0.065	16.258	0.000
	BIP	→	MIP	1.000			
	BIP	→	TIP	0.856	0.068	12.616	0.000

注：此模型中介变量前后均存在调节路径，Mplus 8.3中只输出非标准化值，故测量模型中Estimate值为1.000的*S.E*、*T*、*P*为空白。

（1）对于主效应而言，决策层人力资本异质性对企业创新绩效存在显著正向影响（$P<0.001$，$\beta=0.415$）；对于调节变量主效应而言，外部关系维护能力对企业创新绩效存在显著正向影响（$P<0.001$，$\beta=0.161$）；对于调节效应而言，交互项决策层人力资本异质性 × 外部关系维护能力对企业创新绩效存在

显著正向影响（$P<0.01$，$\beta=0.244$），即外部关系维护能力正向调节决策层人力资本异质性对企业创新绩效的影响，假设H3成立。

为了更直观地体现外部关系维护能力对决策层人力资本异质性和企业创新绩效间的调节作用，参照Aiken和West（1991）的建议，绘制调节作用分解图，如图5-3所示。在强外部关系维护能力下，决策层人力资本异质性对企业创新绩效的正向影响高于弱外部关系维护能力，决策层人力资本异质性对企业创新绩效的正向影响，随着外部关系维护能力的增加逐渐增强。这表明假设H3成立。

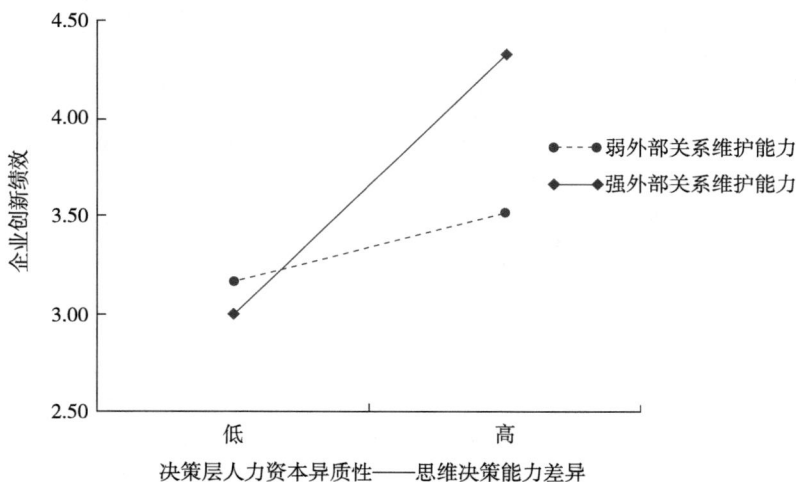

图5-3　外部关系维护能力对决策层人力资本异质性和企业创新绩效间的调节作用

（2）对于主效应而言，决策层人力资本异质性对内部环境优化存在显著正向影响（$P<0.001$，$\beta=0.426$）；对于调节变量主效应而言，外部关系维护能力对内部环境优化存在显著正向影响（$P<0.001$，$\beta=0.144$）；对于调节效应而言，交互项决策层人力资本异质性×外部关系维护能力对内部环境优化存在显著正向影响（$P<0.01$，$\beta=0.244$），即外部关系维护能力正向调节决策层人力资本异质性对内部环境优化的影响，假设H4成立。

为了更直观地体现外部关系维护能力对决策层人力资本异质性和内部环

境优化间的调节作用，绘制调节作用分解图，如图5-4所示。在强外部关系维护能力下，人力资本异质性对内部环境优化的正向影响高于弱外部关系维护能力，人力资本异质性对内部环境优化的正向影响，随着外部创新绩效的增加逐渐增强。这表明假设H4成立。

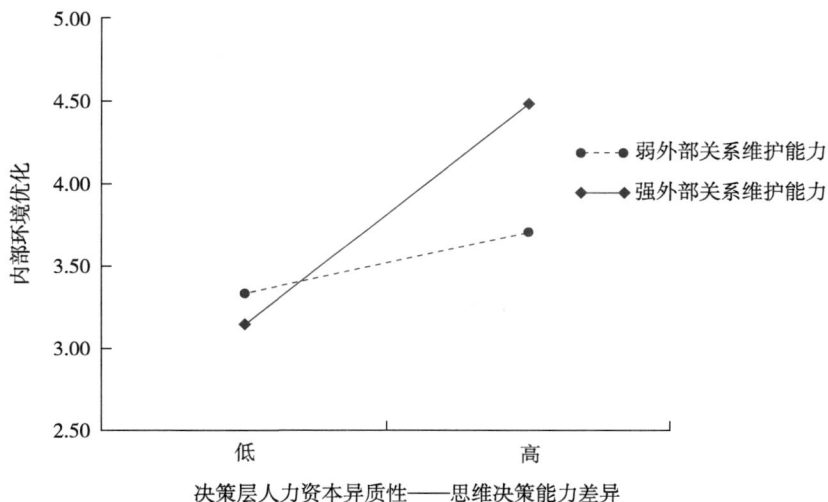

图5-4　外部关系维护能力对决策层人力资本异质性和内部环境优化间的调节作用

（3）对于主效应而言，内部环境优化对企业创新绩效存在显著正向影响（$P<0.01$，$\beta=0.222$）；对于调节变量主效应而言，外部关系维护能力对企业创新绩效存在显著正向影响（$P<0.001$，$\beta=0.161$）；对于调节效应而言，交互项内部环境优化 × 外部关系维护能力对企业创新绩效不存在显著影响（$P>0.05$，不具有统计学意义），即外部关系维护能力不能调节内部环境优化对企业创新绩效的影响，假设H5不成立。

（4）对于有调节的中介效应检验。第一，基于依次检验法，内部环境优化在决策层人力资本异质性和企业创新绩效间的中介作用显著（H2成立）；外部维护能力正向调节决策层人力资本异质性对内部环境优化的影响（H4成立）。由此可知，假设H6成立。第二，基于中介效应差异检验，强弱外部关系维护能力（$M \pm SD$）间决策层人力资本异质性对企业创新绩效间中介

效应差异的95%置信区间为[0.027，0.308]，置信区间不包含0，表明假设
H6成立。

表5-11　决策层有调节的中介效应检验

管理效能	标准化系数	标准误	T统计量	P值	95%置信下限	95%置信上限
Low（-SD）	0.028	0.019	1.456	0.146	-0.010	0.065
Median（0）	0.094	0.034	2.819	0.005	0.029	0.160
High（+SD）	0.196	0.073	2.675	0.007	0.052	0.339
High-Low	0.168	0.072	2.339	0.019	0.027	0.308

5.3 核心层人力资本异质性对高新技术企业创新绩效影响的机理检验

5.3.1 直接作用检验

核心层人力资本异质性采用管理技能特征差异程度进行测度。基于前述假设理论，本节首先进行核心层人力资本异质性影响高新技术企业创新绩效的效应检验。核心层人力资本异质性对企业创新绩效存在显著正向影响（$P<0.05$，$\beta=0.222$），表明核心层人力资本异质性对企业创新绩效影响显著，假设H7核心层人力资本管理技能异质性对企业创新绩效的提升具有促进作用成立。

5.3.2 管理效能提升的中介作用检验

采取前文的中介检验方法，核心层人力资本异质性对高新技术企业创新绩效影响的中介效应结构模型包括3个方面内容：第一，核心层人力资本异质性—管理效能提升；第二，核心层人力资本异质性—管理效能提升—高新技术企业创新绩效；第三，核心层人力资本异质性—高新技术企业创新绩效。加入性别、年龄、最高学历和所学的专业与所从事行业是否一致的

控制变量，使用Mplus 8.3工具进行检验。结果显示，模型的各项拟合指标 $\chi^2/df=1.518<5$，RMSEA=0.029<0.08，SRMR=0.026<0.08，CFI=0.985>0.9，TLI=0.981>0.9，表明模型拟合优度良好。管理效能提升的中介效应检验结果如图5-5及表5-12所示。为了模型的简略，图中未呈现控制变量的影响路径。

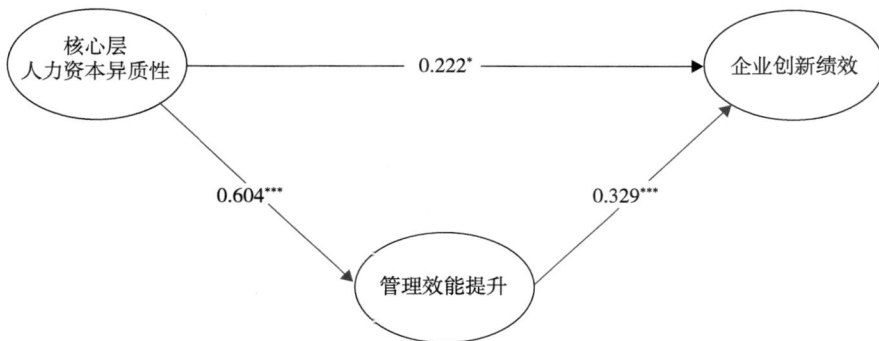

图5-5 管理效能提升的中介效应测量模型

表5-12 管理效能提升的中介效应检验

不同模型	路径			标准化系数	标准误	T统计量	P值
结构模型	CDMS	→	IME	0.604	0.047	12.760	0.000
	CDMS	→	BIP	0.222	0.091	2.436	0.015
	IME	→	BIP	0.329	0.076	4.309	0.000
测量模型	CDMS	→	DTS	0.666	0.035	18.764	0.000
	CDMS	→	DIS	0.761	0.032	24.031	0.000
	CDMS	→	DCS	0.707	0.033	21.582	0.000
	IME	→	IME1	0.773	0.025	30.452	0.000
	IME	→	IME2	0.771	0.023	32.834	0.000
	IME	→	IME3	0.737	0.035	20.883	0.000
	IME	→	IME4	0.791	0.028	28.464	0.000
	IME	→	IME5	0.775	0.028	27.885	0.000
	BIP	→	MIF	0.798	0.032	25.262	0.000
	BIP	→	TIP	0.652	0.040	16.227	0.000

由表5-12可知，核心层人力资本异质性对管理效能的提升存在显著正向影响（$P<0.001$，$\beta=0.604$），管理效能提升对企业创新绩效存在显著正向影响（$P<0.001$，$\beta=0.329$），表明假设H8管理效能的提升在核心层人力资本异质性和企业绩效间发挥中介作用成立。

运用Mplus 8.3构建潜变量中介模型，Bootstrap法重复抽样5 000次，管理效能提升在核心层人力资本异质性对企业创新绩效间中介作用的95%置信区间为[0.462、0.826]，置信区间不包含0，表明管理效能提升在核心层人力资本异质性对企业创新绩效间中介作用显著，且标准化中介效应值为0.418，中介效应占总效应的65.31%。具体管理效能提升的中介效应如表5-13所示。

表5-13　管理效能提升的中介效应

效应	效应值	标准误	T统计量	P值	95% 置信区间	
					置信下限	置信上限
总效应	0.640	0.056	11.399	0.000	0.752	1.175
直接效应	0.222	0.091	2.436	0.015	0.071	0.618
间接效应	0.418	0.057	7.386	0.000	0.462	0.826

5.3.3　内部环境优化调节下的管理效能提升中介作用检验

本小节仍采用前文所述的调节效应检验和有调节的中介效应检验方法，构建结构方程模型，并基于潜变量交互效应对内部环境优化的调节作用进行检验。核心层内部环境优化调节作用下的管理效能提升与基础层人力资本异质性中介效应检验结果如图5-6及表5-14所示。为了模型的简略，图中未呈现控制变量的影响。

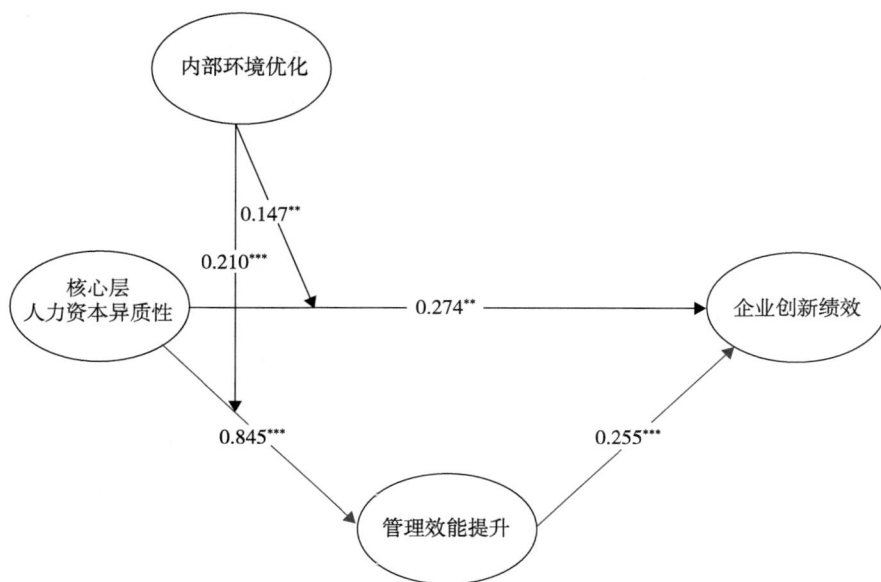

图5-6 核心层有调节的中介效应测量模型

表5-14 核心层有调节的中介效应检验

不同模型	路径			标准化系数	标准误	*T*统计量	*P*值
结构模型	CDMS	→	IME	0.845	0.089	9.551	0.000
	OIE	→	IME	0.103	0.032	3.256	0.001
	CDMS×OIE	→	IME	0.210	0.060	3.515	0.000
	CDMS	→	BIP	0.274	0.090	3.041	0.002
	IME	→	BIP	0.255	0.048	5.294	0.000
	OIE	→	BIP	0.173	0.029	5.922	0.000
	CDMS×OIE	→	BIP	0.147	0.055	2.665	0.008
测量模型	CDMS	→	DTS	1.000			
	CDMS	→	DIS	1.251	0.089	14.093	0.000
	CDMS	→	DCS	1.091	0.081	13.529	0.000
	IME	→	IME1	1.000			
	IME	→	IME2	0.968	0.049	19.619	0.000

续　表

不同模型	路径			标准化系数	标准误	**T**统计量	**P**值
测量模型	IME	→	IME3	0.993	0.053	18.715	0.000
	IME	→	IME4	1.029	0.052	19.723	0.000
	IME	→	IME5	0.968	0.050	19.461	0.000
	BIP	→	MIP	1.000			
	BIP	→	TIP	0.734	0.051	14.471	0.000
	OIE	→	MS	0.519	0.029	18.124	0.000
	OIE	→	RSS	0.517	0.028	18.570	0.000
	OIE	→	RWS	0.506	0.030	16.758	0.000
	OIE	→	OC	0.545	0.029	18.514	0.000
	OIE	→	OS	0.556	0.027	20.562	0.000

注：此模型中介变量前后均存在调节路径，Mplus 8.3中只输出非标准化值，故测量模型中Estimate值为1.000的S.E、T、P为空白。

（1）对于主效应而言，核心层人力资本异质性对企业创新绩效存在显著正向影响（$P<0.01$，$\beta=0.274$）；对于调节变量主效应而言，管理效能提升对企业创新绩效存在显著正向影响（$P<0.001$，$\beta=0.255$）；对于调节效应而言，交互项核心层人力资本异质性×内部环境优化对企业创新绩效存在显著正向影响（$P<0.01$，$\beta=0.147$），即内部环境优化正向调节核心层人力资本异质性对企业创新绩效的影响，假设H9内部环境优化在核心层人力资本异质性对企业创新绩效的影响中起调节作用成立。

调节作用分解如图5-7所示。在高水平内部环境优化下，核心层人力资本异质性对企业创新绩效的正向影响高于低水平内部环境优化下，核心层人力资本异质性对企业创新绩效的正向影响，随着内部环境优化的增加逐渐增强。这表明假设H9成立。

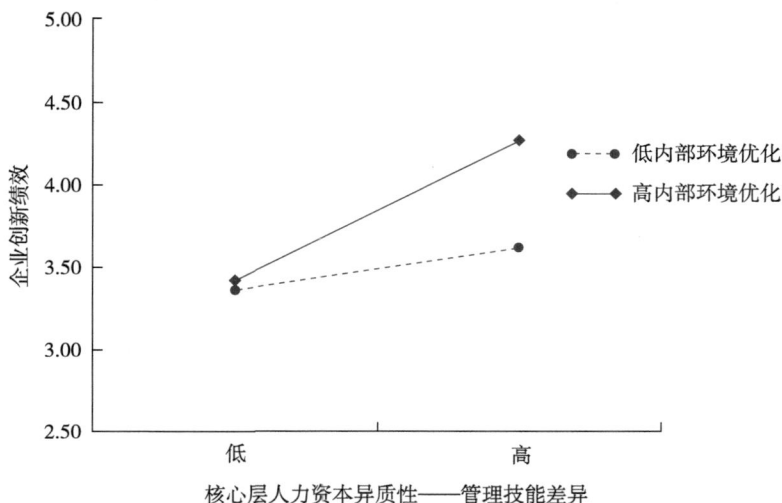

图5-7 内部环境优化对核心层人力资本异质性和企业创新绩效间的调节作用

（2）对于主效应而言，核心层人力资本异质性对管理效能提升存在显著正向影响（$P<0.001$，$\beta=0.845$）；对于调节变量主效应而言，内部环境优化对管理效能的提升存在显著正向影响（$P<0.01$，$\beta=0.103$）；对于调节效应而言，交互项核心层人力资本异质性 × 内部环境优化对管理效能提升存在显著正向影响（$P<0.001$，$\beta=0.210$），即内部环境优化正向调节核心层人力资本异质性对管理效能提升的影响，假设H10成立。

调节作用分解如图5-8所示。在高水平内部环境优化下，核心层人力资本异质性对管理效能提升的正向影响高于低水平内部环境优化下，核心层人力资本异质性对管理效能提升的正向影响，随着内部环境优化的增加逐渐增强。这表明假设H10成立。

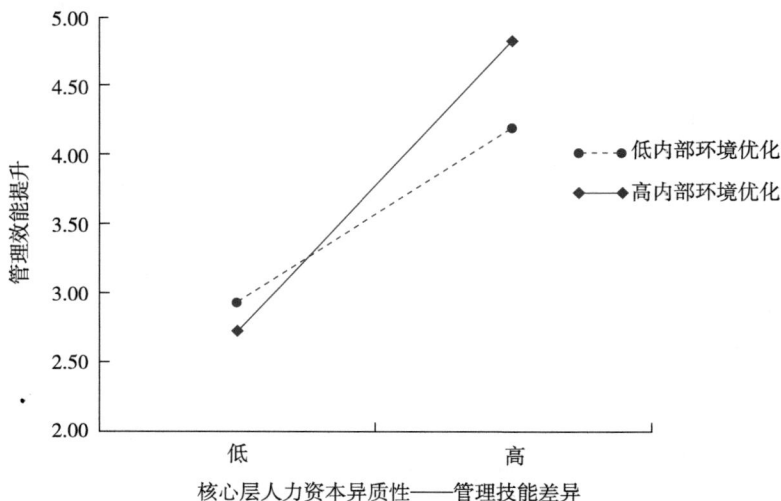

图5-8　内部环境优化对核心层人力资本异质性和管理效能提升间的调节作用

（3）基于依次检验法，管理效能提升在核心层人力资本异质性和企业创新绩效间的中介作用显著；内部环境优化在核心层人力资本异质性对管理效能提升的影响中的调节显著。由此可知，假设H11成立。基于中介效应差异检验，高低水平内部环境优化（$M \pm SD$）间核心层人力资本异质性对企业创新绩效间中介效应差异的95%置信区间为[0.036，0.178]，置信区间不包含0，表明假设H11成立。核心层有调节的中介效应检验如表5-15所示。

表5-15　核心层有调节的中介效应检验

管理效能	标准化系数	标准误	T统计量	P值	95%置信下限	95%置信上限
Low（-SD）	0.162	0.041	3.989	0.000	0.083	0.242
Median（0）	0.216	0.045	4.761	0.000	0.127	0.305
High（+SD）	0.270	0.056	4.832	0.000	0.160	0.379
High-Low	0.107	0.036	2.962	0.003	0.035	0.178

5.4 基础层人力资本异质性对高新技术企业创新绩效影响的机理检验

5.4.1 直接作用检验

从基础层任务执行知识差异程度视角探讨基础层人力资本异质性。基于前述假设理论，本节首先进行基础层人力资本异质性对高新技术企业创新绩效影响的效应检验。基础层人力资本异质性对企业创新绩效存在显著正向影响（$P<0.001$，$\beta=0.470$），表明基础层人力资本异质性对企业创新绩效影响显著，假设H12成立。

5.4.2 知识创造的中介作用检验

采取前文中介检验方法，基础层人力资本异质性对高新技术企业创新绩效提升的知识创造中介效应结构模型包括3个方面的内容：第一，基础层人力资本异质性—知识创造；第二，基础层人力资本异质性、知识创造—高新技术企业创新绩效；第三，基础层人力资本异质性—高新技术企业创新绩效。加入性别、年龄、最高学历和所学的专业与从事的行业是否一致的控制变量，使用Mplus 8.3工具进行检验。结果显示，模型的各项拟合指标 $\chi^2/df=2.136<5$，RMSEA$=0.043<0.08$，SRMR$=0.033<0.08$，CFI$=0.979>0.9$，TLI$=0.969>0.9$，表明模型拟合优度良好。基础层知识创造的中介作用检验结果如图5-9及表5-16所示。为了模型的简略，图中未呈现控制变量的影响路径。

由表5-16可知，基础层人力资本异质性对知识创造存在显著正向影响（$P<0.001$，$\beta=0.554$），知识创造对企业创新绩效存在显著正向影响（$P<0.001$，$\beta=0.338$）。这表明假设H13成立。

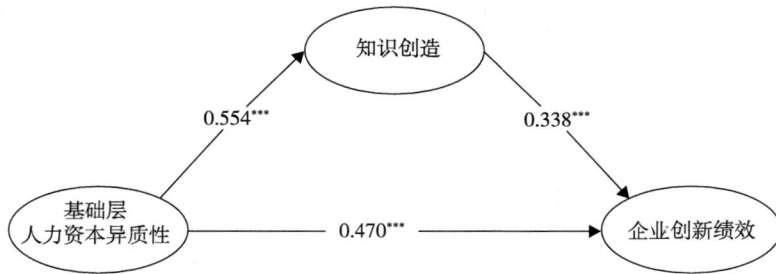

图5-9　基础层知识创造的中介作用测量模型

表5-16　基础层知识创造的中介作用检验

不同模型	路径			标准化系数	标准误	T统计量	P值
结构模型	KDTE	→	KC	0.554	0.047	11.739	0.000
	KDTE	→	BIP	0.470	0.072	6.542	0.000
	KC	→	BIP	0.338	0.088	3.863	0.000
测量模型	KDTE	→	KDTE1	0.795	0.027	28.975	0.000
	KDTE	→	KDTE2	0.835	0.027	31.486	0.000
	KDTE	→	KDTE3	0.757	0.036	21.261	0.000
	KC	→	KC1	0.775	0.029	27.015	0.000
	KC	→	KC2	0.804	0.028	28.740	0.000
	KC	→	KC3	0.841	0.025	33.143	0.000
	BIP	→	MIP	0.766	0.043	18.023	0.000
	BIP	→	TIP	0.679	0.043	15.617	0.000

　　参照前文的研究方法，运用Mplus 8.3构建潜变量中介模型，Bootstrap法重复抽样5 000次，知识创造在基础层人力资本异质性对企业创新绩效间中介作用的95%置信区间为[0.096、0.282]，置信区间不包含0，表明知识创造在基础层人力资本异质性与企业创新绩效间中介作用显著，且标准化中介效应值为0.187，中介效应占总效应的28.46%。具体知识创造的中介效应如表5-17所示。

表5-17　知识创造的中介效应

效应	效应值	标准误	*T*统计量	*P*值	95% 置信区间	
					置信下限	置信上限
总效应	0.657	0.050	13.215	0.000	0.555	0.751
直接效应	0.470	0.072	6.542	0.000	0.326	0.607
间接效应	0.187	0.047	4.007	0.000	0.096	0.282

5.4.3　知识转换能力调节下知识创造中介作用检验

本小节仍采用前文所述的调节效应检验和有调节的中介效应检验方法，构建结构方程模型，并基于潜变量交互效应对知识转换能力的调节作用进行检验。基础层知识转换能力调节作用下的知识创造中介作用检验结果如图5-10及表5-18所示。

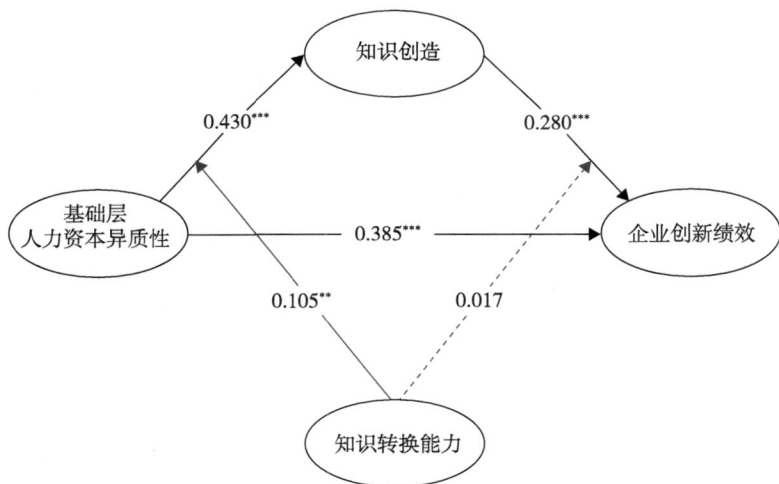

图5-10　基础层有调节的中介作用测量模型

表5-18　基础层有调节的中介作用检验

不同模型	路径			标准化系数	标准误	T统计量	P值
结构模型	KDTE	→	KC	0.430	0.050	8.518	0.000
	KCC	→	KC	0.153	0.031	5.004	0.000
	KDTE×KCC	→	KC	0.105	0.035	3.019	0.003
	KDTE	→	BIP	0.385	0.064	6.056	0.000
	KC	→	BIP	0.280	0.056	4.973	0.000
	KCC	→	BIP	0.119	0.032	3.675	0.000
	KC×KCC	→	BIP	0.017	0.037	0.460	0.646
测量模型	KDTE	→	KDTE1	1.000			
	KDTE	→	KDTE2	1.061	0.052	20.383	0.000
	KDTE	→	KDTE3	0.949	0.051	18.563	0.000
	KC	→	KC1	1.000			
	KC	→	KC2	1.014	0.051	19.747	0.000
	KC	→	KC3	1.097	0.054	20.358	0.000
	BIP	→	MIP	1.000			
	BIP	→	TIP	0.806	0.064	12.533	0.000
	KCC	→	KCC1	0.628	0.037	16.959	0.000
	KCC	→	KCC2	0.824	0.033	24.731	0.000
	KCC	→	KCC3	0.819	0.039	20.830	0.000
	KCC	→	KCC4	0.629	0.034	18.777	0.000

注：此模型中介变量前后均存在调节路径，Mplus 8.3中只输出非标准化值，故测量模型中Estimate值为1.000的S.E、T、P为空白。

（1）对于主效应而言，基础层人力资本异质性对知识创造存在显著正向影响（$P<0.001$，$\beta=0.430$）；对于调节变量主效应而言，知识转换能力对知识创造存在显著正向影响（$P<0.001$，$\beta=0.153$）；对于调节效应而言，交互项基础层人力资本异质性 × 知识转换能力对知识创造存在显著正向影响（$P<0.01$，$\beta=0.105$），即知识转换能力正向调节基础层人力资本异质性对知识创造的影响，假设H14成立。

为了更直观地体现知识转换能力对基础层人力资本异质性和知识创造间

的调节作用，绘制调节作用分解图，如图5-11所示。

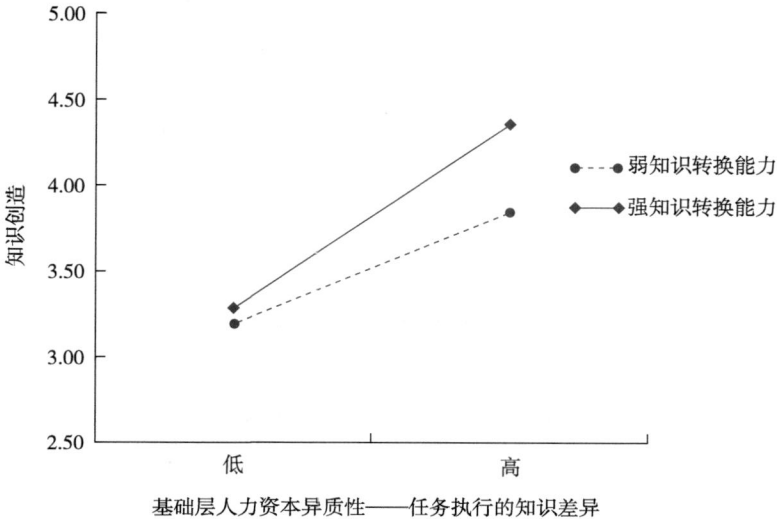

图5-11　知识转换能力对基础层人力资本异质性和知识创造间的调节作用图

由图5-11可知，在强知识转换能力下，基础层人力资本异质性对知识创造的正向影响高于弱知识转换能力，基础层人力资本异质性对知识创造的正向影响，随着知识转换能力的增加逐渐增强。这表明假设H14成立。

（2）对于主效应而言，知识创造对企业创新绩效存在显著正向影响（$P<0.001$，$\beta=0.280$）；对于调节变量主效应而言，知识转换能力对企业创新绩效存在显著正向影响（$P<0.001$，$\beta=0.119$）；对于调节效应而言，交互项知识创造 × 知识转换能力对企业创新绩效不存在显著正向影响（$P>0.05$，不具统计学意义），假设H15不成立。

（3）基于依次检验法，知识创造在基础层人力资本异质性和企业创新绩效间的中介作用显著（H13成立）；知识转换能力正向调节基础层人力资本异质性对知识创造的影响（H14成立）。由此可知，假设H16成立。基于中介效应差异检验，强弱知识转换能力（$M \pm SD$）间基础层人力资本异质性对企业创新绩效间中介效应差异的95%置信区间为[0.093，0.229]，置信区间不包含0，表明假设H16成立。基础层的调节中介效应检验如表5-19所示。

表5-19 基础层有调节的中介效应检验

管理效能	标准化系数	标准误	T统计量	P值	95% 置信下限	95% 置信上限
Low（−SD）	0.052	0.025	2.105	0.035	0.004	0.101
Median（0）	0.120	0.027	4.528	0.000	0.068	0.172
High（+SD）	0.213	0.037	5.797	0.000	0.141	0.285
High−Low	0.161	0.035	4.629	0.000	0.093	0.229

5.5 实证结果分析

将决策层、核心层和基础层人力资本异质性促进高新技术企业创新绩效提升的16个假设汇总，如表5-20所示。其中，16个假设中14个通过检验，2个未通过检验。

表5-20 基于调查研究的假设检验结果

层级	假设	结果
决策层	H1：决策层人力资本异质性对高新技术企业创新绩效的提升具有促进作用	成立
	H2：决策层人力资本异质性通过内部环境优化的中介作用。促进高新技术企业创新绩效的提升	成立
	H4：外部关系维护能力正向调节决策层人力资本异质性与内部环境优化的关系	成立
	H3：外部关系维护能力正向调节决策层人力资本异质性对企业创新绩效的影响	成立
	H5：外部关系维护能力正向调节内部环境优化与企业创新绩效的关系	不成立
	H6：外部关系维护能力调节内部环境优化在决策层人力资本异质性和企业创新绩效间的中介作用	成立
核心层	H7：核心层人力资本管理技能异质性对高新技术企业创新绩效的提升具有促进作用	成立
	H8：管理效能的提升是核心层人力资本异质性促进高新技术企业创新绩效提升的中介变量	成立
	H9：内部环境优化在核心层人力资本异质性对企业创新绩效的影响中起调节作用	成立

层级	假设	结果
核心层	H10：内部环境优化在核心层人力资本异质性对管理效能提升的影响中起调节作用	成立
	H11：内部环境优化正向调节管理效能的提升在核心层人力资本异质性和企业创新绩效间的中介作用	成立
基础层	H12：基础层人力资本异质性对高新技术企业创新绩效的提升具有促进作用	成立
	H13：基础层人力资本异质性通过知识创造的中介作用促进高新技术企业创新绩效的提升	成立
	H14：知识转换能力在基础层人力资本异质性与知识创造间起调节作用	成立
	H15：知识转换能力在知识创造与高新技术企业创新绩效间起调节作用	不成立
	H16：知识转换能力调节知识创造在基础层人力资本异质性和企业创新绩效间的中介作用	成立

（1）假设H5：外部关系维护能力正向调节内部环境优化与企业创新绩效的关系以及假设H15：知识转换能力在知识创造与高新技术企业创新绩效间起调节作用不成立。

（2）从具体各层级人力资本异质性影响高新技术企业创新绩效提升的效应值比较中可知，决策层、核心层、基础层人力资本异质性对高新技术企业创新绩效影响的效应值分别为0.392、0.222和0.470，即基础层任务执行知识异质性大于决策层思维决策能力异质性，也大于核心层管理技能异质性对高新技术企业创新绩效的影响。在高新技术企业中，相较于高层决策者的思维决策能力和核心管理者的管理技能特征差异，基础员工在执行任务时所展现的知识特征多样性对企业创新绩效的影响更显著。实际上，高新技术企业在日常运营中更依赖于基础技术人员。他们掌握的知识资本被视为推动企业创新绩效提升的核心要素。简言之，基层员工的知识多样性对高新技术企业创新能力的提升作用，超过了决策层和核心层特征差异所带来的影响。这也是高新技术企业与传统企业的最大区别，符合高新技术企业实际经营状况。对于高新技术企业来说，最重要的不是管理者，而是技术的创造者。

（3）情境实验结果与实地调研结果有2个假设结果存在差异，涉及决策层假设H4：外部关系维护能力正向调节决策层人力资本异质性与内部环境优化的关系和假设H6：外部关系维护能力调节内部环境优化在决策层人力资本异质性和企业创新绩效间的中介作用。不同的研究方法结果会存在差异，需要对研究假设进行进一步研究，可以采取扩大样本量等方法重新进行实证研究。就本书而言，根据理论分析，本书接受实地调研的分析结果，即接受以上两个假设成立。

（4）对于稳健性检验，采取去除控制变量的方法，分别针对决策层、核心层和基础层人力资本异质性对企业创新绩效影响的中介作用与有调节的中介作用进行稳健性检验。检验结果与包含控制变量的检验结果一致。考虑文章篇幅受限，3个层次6个稳健性检验结果并未在文中进行详细的展示报告。

（5）高新技术企业所拥有的异质性人力资本和内外部优化的创新行为对提升高新技术企业创新绩效至关重要。

第6章

基于人力资本异质性的提升高新技术企业创新绩效的对策与建议

前文中，首先，采用半结构化访谈和问卷调查的方法开发了人力资本异质性测量量表；其次，构建了人力资本异质性对创新绩效影响的研究模型，并提出了16个假设；最后，采用实验研究和问卷调查研究交叉验证的方法对提出的16个假设进行了检验。本章将依据以上研究成果，从有效管理各层级人力资本异质性的角度出发，为高新技术企业设计一套管理机制方面的对策，旨在切实提升高新技术企业的创新绩效，为管理层提供实用的策略参考和决策基础；助力高新技术企业稳步增强整体竞争力，从而更有效地推动经济社会创新的全面发展与加速进步。

高新技术企业进行合理的人力资本结构配置是人力资本投资向企业效益转变的必要手段和过程。只有制定科学合理的人力资本配置策略，才能发挥人力资本在高新技术企业创新绩效提升中的作用。高新技术企业在进行合理的人力资本结构配置时，必须遵循因事择人、因材起用、动态平衡的原则。不同层次、不同岗位的员工具有不同的能力和特点，在具体工作中员工应具有与岗位匹配的知识和能力。也就是说，人力资本的差异性是出色地完成工作任务的条件和基础，高新技术企业进行人员配置时要充分考虑员工所拥有的人力资本的特点，因材起用，为企业创造更大的经济效益。

6.1 基于决策层人力资本异质性提升高新技术企业创新绩效的对策与建议

实证显示，决策层思维决策能力的差异程度是影响高新技术企业创新绩效提升的关键因素。决策层思维决策能力的异质性对高新技术企业管理创新绩效的影响最大。由此，针对决策层人力资本异质性提出如下建议。

6.1.1 选拔具有高学历和丰富职能背景的高层决策者

高层决策者是在高新技术企业创新过程中发挥直接作用的群体。他们做出的决定直接影响企业下一步的创新活动，然而创新活动的好坏与高层决策者个人所具有的特征息息相关，成员会根据其知识结构与经验习惯进行决策，应合理优化决策层团队成员构成，选拔具有高学历和丰富职能背景的成员。这样决策层团队具有较全面的认知、超强的信息处理能力，对问题有全面的了解和关键的洞察力，由此增强了企业创新所需的信息资源，从而确定新的机会和提出新的解决方案，以合理配置成员之间的内部结构，达到成员内部的协调与平衡，实现科学合理的创新战略决策，提升高新技术企业整体的创新绩效。高层决策者间的特征差异会使企业在战略决策时选择的信息更加全面，有利于企业绩效提升。在学历方面，有着更高教育水平的高层决策者经验越高，就越有可能接受、破译和理解信息，也就越有可能接受新知识，迅速理解和掌握新技能；同时，将自己的知识库应用于高新技术企业，带来知识附加效应或技术驱动效应，更有利于创造新知识和新技术，以便更好地应用于企业。与此同时，具有海外留学背景的高才生能够将国内外基础知识理论相结合进行企业技术开发，从而能更有效地提高企业创新绩效。

6.1.2 充分发挥外部关系维护能力的调节作用

实证分析得到了外部关系维护能力正向调节决策层人力资本异质性与内部环境优化之间的关系的结论。一方面，当外部关系维护能力较优化时，即高层决策者在正式或非正式的组织或团体中担任重要角色，与社会网络中科研机构、组织团体、个体成员交流联系来往越紧密，对实施创新战略的方向和进度把握程度越高，越要求决策层人力资本具有更高的异质性。另一方面，对于高层决策者来说，需要具有不同的职能背景、不同的知识和技能，并能从各自的专业领域考虑问题。这是因为在他们各自的专业领域中，不同的观点和信息可以提高决策的质量，同时提升他们的工作效率。观点和信息的多样性提高了决策的质量，促进了领导者之间相互学习以及对新的外部资源的挖掘，从而优化企业内部创新环境，进一步促进企业创新绩效的提升。

6.1.3 加强高层决策者与政府部门的紧密联系

一方面，高层决策者利用他们的外部社会网络资本与政府内部的部门或个人保持密切的关系，不仅促进了稀缺资源由政府机构转向企业，企业结构、流程和资源效率同政府内部的有效协同，为新产品和创新技术的研发及推广提供了重要支持保障，还能更快地转化为企业创新绩效。另一方面，加强与政府部门的联系，能够减少因信息不对称导致的创新资源获取不足的情况发生，从而及时获取政府的研发补贴；还可以为外部投资者提供有价值的投资信号，在研发项目的质量和技术优势方面提供重要的保障；政府根据严格的标准体系对资助的创新项目进行审核与评估，也能确保研发补贴经费得到有效使用。

6.1.4 织密外部技术创新网络

企业在发展过程中不是孤立存在的，不可避免地要与其他企业或组织发生密切的关系。技术创新绩效也是一个多维的综合现象，需要多维的横向、纵向紧密联系、协同作用。在创新社会网络中，加强与其他研究机构、组织团体的交流与紧密联系，通过交换知识或信息，可以产生更多的创新想法及创新行为，如形成技术创新联盟或者技术创新网络，并通过加强企业与外部技术源的交流和培训，不断地开展深入合作与技术创新，提升企业的整体创新绩效。还可以激发科技创新活力，充分发挥创新驱动作用，通过建立高校、企业及科研院所合作关系，使得企业快速获取所需要的资源与技术，获得更好的学习机会，增强企业应对市场变化的能力；并且在合作关系中能够促进共同标准的形成，分担研发所需要的风险和成本。

6.2 基于核心层人力资本异质性提升高新技术企业创新绩效的对策与建议

由前文的实证结果可知，核心层管理技能的差异对高新技术企业创新绩效的影响弱于基础层知识异质性和决策层思维决策能力异质性。管理技能异质性对管理效能提升的影响最大。核心管理者需具备技术、人际和概念三大技能，其中最重要的是技术技能。加强管理者掌握和熟悉特定专业领域中的技术的能力，增加技术技能培训的投入，促进核心管理者掌握多种处理解决问题的方法与技能，有利于提高工作效率。核心管理者虽然不直接参与技术创新活动，但在整个高新技术企业经营过程中扮演着承上启下的重要角色。

6.2.1 加强核心管理者的人际技能培训

核心管理者沟通能力的培训对高新技术企业创新绩效提高具有非常重要的意义。这也是企业需要加强的重点。核心管理者密切参与组织内部管理活动，担负着组织内部信息的上下沟通，并持续地教练员工，帮助员工不断地达到更高的创新水平。高新技术企业应加强对核心管理者的技能培训，除技术技能培训外，尤其加强对其参与沟通行为的培训。核心管理者需切实掌握沟通技能。有效的沟通不仅能促进研发，还能鼓励员工站在对方的立场思考问题，共同解决工作中遇到的问题，共同营造相互信任和知识共享的氛围，进而提高工作效率。

6.2.2 定期进行核心管理者管理能力评估

核心管理能力包括目标执行能力、企业规划创新能力、沟通能力、员工培养能力和处理问题、解决疑难问题的能力等。评估核心管理者能力主要表现在核心管理者是否能通过整合有效信息、利用有限资源，帮助企业提高投入产出效率，提升高新技术企业整体的经营成效。高新技术企业具有成长性高、发展迅速的特点，对核心管理者管理能力进行定期的评估是培育高新技术企业核心能力、促进企业可持续发展的有效手段。

一方面，管理者需要正确把握实施创新战略的方向和进度，不断提升自身管理能力。管理能力越强，创新产品的成本越低，性能越好。精减、高效的组织结构可以在决策过程中得到充分反馈，减少决策失误的可能性，并能在企业内部对决策进行有效和完整的沟通，使决策得到充分实施和执行，从而使具有强大管理能力的高新技术企业的技术创新取得更好的投入产出结果。另一方面，高层决策者的支持是对员工开展创新活动的极大激励，应给予核心管理者充足的选择自由，容忍员工创新失败，应平衡组织内部的人员配置、任务分配和时间分配，避免因不合理的工作量而限制了创新能力强、创新潜力好的员工。管理层的合理安排可以保证个人和团队有足够的时间、空间和灵活性进行创新活动。这是提高产品和企业技术创新绩效的合理保证。

企业效能管理强调核心管理者需实施精细的内部优化策略，建立健全内部规章制度，并妥善调和基础员工的性格差异及人际关系，以增强团队的整体执行力。鉴于高新技术企业的独特性与员工对自我价值实现的追求，构建卓越的企业文化在效能管理体系中显得尤为重要。一个积极向上的企业文化环境不仅能满足员工的精神需求，拓宽其自我实现的舞台，还能有效驱动利益激励机制的健全与发展。在此氛围下，员工间的冲突得以减少，效能管理流程更加顺畅，研发活动的效率也随之提升，进而加速了新产品与新技术的产生，为企业创新绩效注入强劲动力。此外，优秀的企业文化还能促进完善企业制度，特别是人力资本管理制度的形成，进一步激发人力资本在高新技术领域的创新潜能，为企业创造更大的价值。

6.2.3 充分发挥内部环境优化的调节作用

内部环境优化正向调节管理技能差异与管理效能提升之间的关系。在实际工作中，高层决策者要支持低层员工开展创新活动，合理配置企业内部的创新资源，将企业家精神融入企业文化，从而激发员工的创新潜能和动力。具体在创新过程中，要容忍低层员工创新失败，给予低层员工足够的创新空间，给予员工调整、决策的选择权和决定权；可以将员工的创新活动和成果作为一项考核指标纳入薪酬体系；平衡企业内部人员任务分工和设置。决策者的支持行为可以有效激发核心管理者发挥多元的管理技能，进一步促进管理效能的提升。

6.2.3.1 加大创新技术和资源投入力度

高新技术企业具有高投入的特点，主要体现在物质的高投入和人员的高投入两个方面。其中，物质的高投入是保证企业核心竞争力的基础，人员的高投入是进行技术创新成功的重要保障。高新技术企业应积极加强创新资源的投入，强化创新资源的深度融合与优化配置。在物质资源投入方面，减少创新成本，提高创新投入资源的利用率。当研发能力增强时，创新的投入产出比更大，企业由此拥有更多的专利技术、更具竞争力的产品并大幅增加市场份额。因此，增加研发物质资源的投入，为研发活动提供充足的物质资本，对于提高企业创新绩效有着不可缺失的作用。在人力资源开发投入方面，增加人力资源的投入，加强基层员工知识技能培训，可以提高员工素质，丰富技术研发经验，提高工作的稳定性。同时，有效实施人力资源开发战略，帮助企业开发出更多高素质、强技术的员工，也会带动高新技术企业创新绩效的提升。

6.2.3.2 建立多元化有挑战性的激励机制

首先，高新技术企业一定以经济利益为核心确定企业激励机制。通过激励机制，使员工真正变成企业的主人，使员工个人经济利益与企业利益紧密相连，实现员工与企业的共同发展。这就要求企业在创新活动中，加强知识产权归属和利益分享机制建设。其次，构建合理的企业薪酬体系，加强物质激励。合理的薪酬体系是满足员工基本需求的基础，也会激发员工的积极性和创造性，特别是对于知识密集型的高新技术企业，建立知识获取、创造、共享的差异化薪酬体系尤为重要。然而，在诸多激励方式中，物质激励应该说是最行之有效的方式，所以应注重改善员工的发展条件，以优厚的福利待遇和良好的发展平台，吸引人才、留住人才。最后，在注重物质激励的同时注意精神激励。高新技术企业员工往往具有高知识层次和较强的工作能力，他们在重视物质激励的同时，更加重视内心精神层面的满足。因此，高新技术企业要重视员工内心层面的精神激励机制建设，真正做到感情留人、待遇留人、事业留人。

6.3 基于基础层人力资本异质性提升高新技术企业创新绩效的对策与建议

6.3.1 提升基层员工知识创造技能

由前文的理论分析和实证结果可知，基础层人力资本的异质性对高新技术企业创新绩效的提升影响程度最大。基层员工知识的异质性，能使企业知识储备更加多元化，技术研发路径更加多样化，知识创造和转换思维更加灵活化。这对于企业的技术产品创新和工艺创新具有重要价值与意义。可以通过员工培训或后期教育提高员工知识储备含量。高新技术企业可以针对新入职员工开展相关知识教学、技术培训等；还可以通过将员工安排到相关教育机构接受系统化的学习，来提升员工对高新技术企业关键技术或知识的掌握能力，适应企业不断开展创新活动的要求。针对有经验的员工也要定期开展交流学习，让工作年限较长的员工参与到知识共享的实践中来，通过他们丰厚的知识储备与融洽的人际关系提升企业创新绩效。

在高新技术企业中，一项技术或产品开发与完成需要多人、多部门，甚至是多个企业的合作。技术背景的差异是合作效率的关键因素。员工丰富的技术背景可以降低技术背景差异障碍，提高合作效率。首先，可以通过员工在企业内部关键岗位轮岗，全面掌握各岗位的工作内容和技能，同时对企业全局工作有更加深入的认识。其次，可以与合作企业开展人力资源共享。在人员共享过程中，促进产品研发、流程再造和新产品推广中隐性知识的传递与转化。这样可以丰富员工的技术背景，促进企业创新绩效的提升。在进行高新技术企业知识内部布局时，要结合员工知识创造与知识转换能力进行。当知识转换能力较优化时，可以提高基础员工知识的异质性，使员工有各种不同的知识背景，拥有相辅相成的技能和能力，以促进企业创新绩效的提升。企业可以鼓励基础员工参加各类知识技术讲座和研讨会，或招募不同专长的技术研发人员。

6.3.2 提高创新成果转化能力

高新技术企业如何研发出具有市场价值的创新成果并实现成果转化，在增强高新技术企业市场竞争力，提升高新技术企业整体经济效益中起着重要的作用。首先，高新技术企业应当树立创新意识、竞争意识，以社会需求为导向，与高等院校和科研院所合作，合力推动创新成果转化。高新技术企业要大力促进有效发明专利和新产品转换为企业核心竞争力，鼓励高新技术企业通过受让、受赠、并购的方式获得核心自主知识产权，支持基层员工围绕重点领域、重点产业开展关键核心技术攻关，鼓励科技成果就地转化。其次，在提高高新技术企业创新成果的转化能力同时，要求高新技术企业优化企业内部组织机构。这需要技术、财务、人事、生产和营销多个部门通力配合。最后，高新技术企业要加强知识产权保护制度建设，将知识产权收益和技术人员自身利益有效结合，提升知识产权运用水平，以知识产权激发企业基层员工的研发活力，最终提高创新成果的转化能力。

第7章

研究结论与展望

　　高新技术企业是国家实施创新驱动发展战略的重要主体。高质量的人力资本是提升高新技术企业创新绩效、保持企业持久竞争优势的重要因素。人力资本特征表现出来的不同程度的差异又对企业创新绩效产生重要影响。因此，准确测度高新技术企业人力资本异质性，并进一步探讨人力资本异质性对高新技术企业创新绩效影响的作用机理，对提升高新技术企业创新绩效水平、增强企业整体创新实力、保持持久竞争优势具有重要的理论价值和实践意义。本书沿着"提出问题—理论分析—机理剖析—实证检验—提出建议"的思路展开，得到以下4个方面的结论。

　　第一，开发了人力资本异质性的量表，揭示了人力资本异质性的三维度结构，包括决策层思维决策能力差异、核心层管理技能差异和基础层任务执行知识差异，极大地丰富了现有人力资本异质性理论。研究结果为后文的实证研究做了工具上的铺垫。先通过半结构化访谈和开放式问卷调查法收集核心管理者对人力资本异质性特征的描述，采用归纳分析的方法获取人力资本异质性的测量题项。再通过问卷调查法对测量题项进行实证检验。结果显示，人力资本异质性的测量包括三维构念，共22个测量题项的量表。

　　第二，建立人力资本异质性通过创新行为影响高新技术企业创新绩效的机理模型，拓展了人力资本异质性和企业创新绩效的研究范畴。

　　研究发现：①决策层、核心层和基础层人力资本异质性对高新技术企业创新绩效提升具有显著的促进作用。②决策层人力资本异质性通过内部环境优化的中介作用促进高新技术企业创新绩效的提升。③外部关系维护能力调节决策层人力资本异质性与内部环境优化、决策层人力资本异质性与企业创新绩效之间的关系。外部关系维护能力调节内部环境优化在决策层人力资本异质性和企业创新绩效间的中介作用，即外部关系维护能力越强，决策层人力资本异质性对内部环境优化的正向影响程度越强，进而促进企业创新绩效的提升。④核心层人力资本异质性通过管理效能提升的中介作用促进高新技术企业创新绩效的提升。⑤内部环境优化调节核心层人力资本异质性与企业创新绩效、核心层人力资本异质性与管理效能提升之间的关系。⑥内部环境优化调节管理效能提升在核心层人力资本异质性和企业创新绩效间的中介作用，即内部环境优化水平越高，核心层人力资本异质性对管理效能提升的正向影响程度越强，进而促进企业创新绩效的提升。⑦基础层人力资本异质性通过知识创造的中介作用促进高新技术企业创新绩效的提升。⑧知识转换能力调节基础层人力资本异质性与知识创造之间的关系，同时调节基础层人力资本异质性与企业创新绩效之间的关系。⑨知识转换能力调节知识创造在基础层人力资本异质性和企业创新绩效间的中介作用，即知识转换能力越强，基础层人力资本异质性对知识创造的正向影响程度越强，进而促进企业创新绩效的提升。

第三，构建人力资本异质性通过创新行为影响高新技术企业创新绩效提升机理的静态结构方程路径检验模型。研究同时采用情境实验和实地调查，得到3种人力资本异质性对高新企业创新绩效起着显著的促进作用的结论。其中，基础层人力资本异质性对高新技术企业创新绩效的影响程度最大（基础层0.470>决策层0.392>核心层0.222）。这表明高新技术企业在更大程度上依靠基本技术员工所掌握的知识丰富性提升企业创新绩效，从而符合高新技术企业实际的经营状况。对于高新技术企业来说，最重要的不是管理者，而是技术的创造者。在这一过程中，高层决策者给予低层工作人员的支持、对他们创新失败的高容忍度、积极采用有效的激励手段进行合理的任务分配尤为关键。同时，企业所拥有的异质性人力资本和内外部优化的创新行为对提升高新技术企业创新绩效至关重要。本书建立的人力资本异质性通过创新行为影响高新技术企业创新绩效提升的模型能够很好地模拟现实的情形。

第四，综合以上分析，提出基于人力资本异质性的提升高新技术企业创新绩效的对策与建议。首先，基于决策层人力资本异质性，提出选拔具有高学历和丰富职能背景的高层决策者、充分发挥外部关系维护能力的调节作用、加强高层决策者与政府部门的紧密联系、织密外部技术创新网络等提升高新技术企业创新绩效的对策与建议；其次，针对核心层人力资本异质性，提出加强核心管理者的人际技能培训、定期进行核心管理者管理能力评估、充分发挥内部环境优化的调节作用等提升高新技术企业创新绩效的对策与建议；最后，针对基础层人力资本异质性提出提升基层员工知识创造技能、提高创新成果转化能力等提升高新技术企业创新绩效的对策与建议。

本书主要创新点可归纳为以下3个方面。

（1）对企业人力资本异质性测度的理论探索。已有研究多采用单一指标或针对某一特定人群测度企业人力资本异质性水平。本书在总结大量现有企业人力资本异质性相关研究成果的基础上，采用科学合理的方法，开发出企业人力资本异质性测量量表，极大地丰富了人力资本理论研究成果。

（2）在人力资本异质性对高新技术企业创新绩效影响的机理研究上，深入企业人力资源管理内部，考虑外部关系、内部环境优化等因素，建立了中介和调节模型，揭示了人力资本异质性通过不同的创新行为促进高新技术企业创新绩效提升的过程。关注人力资源管理活动的行为视角和资源视角，在企业内外部环境交互作用下，将自身活动实践作为刺激和控制低层贡献与行为的方式，并尝试确定每个层级的变量，对人力资源管理活动影响高新技术企业创新绩效提升的理论进行逐层剖析，拓展了人力资本异质性和企业创新绩效的研究范畴。

（3）在实证方法上，研究同时采用情境实验、实地调查来验证模型。情境实验研究探索和证明变量的因果关系，实地调查研究弥补情境实验外部效度不足的缺陷，从而进一步验证本书所构建的人力资本异质性对高新技术企业创新绩效影响的机理模型的正确性。同时，情境实验和实地调查方法均属于静态研究。研究者也从动态研究的视角，将人力资本异质性对高新技术企业创新绩效影响的机理模型转换为动态模型，较为全面地分析了人力资本异质性对高新技术企业创新绩效的影响。

由于个人水平和研究条件有限，本书仍存在如下4个方面的局限性，有待于进一步开展后续研究。

（1）以信息决策理论为基础，来分析人力资本异质性对高新技术企业创新绩效的影响。在这个理论的指导下，异质性程度越高，企业可以获得更多的信息资源。企业内部成员之间可以进行信息资源的交流与变换，将个体知识和掌握的信息进行补充，带来多元的决策和知识创新观点，不断提升企业创新绩效。然而，抛开这一理论，异质性程度越高，会不会带来相反的结果，有待后续进一步深入的探讨。

（2）情境实验结果与实地调研结果有两个假设结果存在差异。同时，假设H5：外部关系维护能力正向调节内部环境优化与企业创新绩效的关系和假设H15：知识转换能力在知识创造与高新技术企业创新绩效间起调节作用不成立。由于采用不同的研究方法，结果会存在差异，所以需要对研究假设进行进一步研究。后续可以采取扩大样本量等方法重新进行实证研究。

（3）研究数据收集采取核心管理者他评高层决策者和基层员工的方式进行，可能造成研究可信度降低的情况。未来研究可以采用高层决策者和基层员工作为样本，进行配对调研与分析，以提高研究的可信度。

参考文献

[1] SCHULTZ T W. Investment in human capital[J]. The American economic review, 1961, 9（4）: 1-17.

[2] BECKER G S. Investment in human capital: a theoretical analysis[J]. The journal of political economy, 1987, 6（12）: 9-24.

[3] HARPAN I, DRAGHICI A. Debate on the multilevel model of the human capital measurement[J].The Academy of Management Journal, 2014, 1（124）: 109-123.

[4] 李敏, 张婷婷, 雷育胜. 人力资本异质性对产业结构升级影响的研究: "人才大战"引发的思考[J]. 工业技术经济, 2019, 38（11）: 107-114.

[5] 胡俏, 贾伊萌.人力资本异质性对企业绩效的影响研究: 薪酬的中介作用[J].技术经济, 2020, 39（10）: 87-111.

[6] 邓俊荣, 龙蓉蓉. 异质型人力资本对区域经济增长作用机制研究[J]. 科研管理, 2017, 38（12）: 116-121.

[7] HUSELID M A, JACKSON S E, SCHULER R S. Technical and strategic human resource management effectiveness as determinants of firm Performance[J]. The Academy of Management Journal, 1997, 40（1）: 171-188.

[8] BARNEY J B, WRIGHT P M. On becoming a strategic partner: the role of human resources in gaining competitive advantage[J]. Human Resource Management, 1998, 37（1）: 31-46.

[9] YEN Y F. The impact of bank's human capital on organizational performance: how innovation influences performance[J]. Innovation, 2013, 15（1）: 112-127.

[10] 魏杰, 赵俊超. 关于人力资本作为企业制度要素的思考[J]. 理论前沿, 2001（10）: 23-29.

[11] 陈劲, 吴沧澜, 景劲松. 我国企业技术创新国际化战略框架和战略途径研

究[J]. 科研管理, 2004 (6): 115-125.

[12] 邓学芬, 黄功勋, 张学英, 等. 企业人力资本与企业绩效关系的实证研究: 以高新技术企业为例[J]. 宏观经济研究, 2012 (1): 73-79.

[13] 刘烨, 魏欣莉, 乔磊. 企业人力资本结构对国际并购绩效的影响: 基于企业家教育背景的调节作用[J]. 东北大学学报 (自然科学版), 2022, 43 (3): 440-447.

[14] 张华, 刘小军, 李汉光. 物质资本选择人力资本的博弈分析[J]. 管理学报, 2009, 6 (7): 895-897.

[15] LAING D, WEIR C. Corporate performance and the influence of human capital characteristics on executive compensation in the UK[J]. Personnel Review, 1999, 28 (1/2): 67-89.

[16] 李忠民. 中小企业的人力资源管理[J]. 行政人事管理, 2000 (2): 26-27.

[17] 陈维政, 刘苹. 人力的资源特性及资本特性研究[J]. 科学管理研究, 2004 (1): 94-98.

[18] 丁栋虹, 刘志彪. 从人力资本到异质型人力资本[J]. 生产力研究, 1999 (3): 8-10.

[19] 杨增雄, 张焕勇. 企业家角色的历史演进及对企业治理结构的影响[J]. 管理评论, 2005 (12): 54-60, 64.

[20] 裴政, 罗守贵. 人力资本要素与企业创新绩效: 基于上海科技企业的实证研究[J]. 研究发展与管理, 2020, 32 (4): 137-148.

[21] PENNINGS J M, LEE K, WITTELOOSTUIJN A V. Human capital, social capital and firm dissolution[J]. The Academy of Management Journal, 1998, 41 (4): 425-441.

[22] 李忠民, 刘艳. 基于企业社会资本的人力资本研究: 一个理论分析与框架[J]. 吉林师范大学学报 (人文社会科学版), 2009, 37 (1): 1-4.

[23] 曾建中. 企业人力资本分类计量模型探讨[J]. 统计与决策, 2010 (3): 176-177.

[24] 叶蜀君, 温俊艳. 关于建立管理型人力资本和技术型人力资本分配机制的设想[J]. 北京交通大学学报（社会科学版), 2004（4）: 34-39.

[25] 胡萍, 郭继强. 高新技术企业人力资本分类探析[J]. 生产力研究, 2004（11）: 99-101.

[26] 武晓霞, 金素. 人力资本异质性和知识外溢对产业结构升级的影响研究：基于省级和区域面板数据的空间计量[J]. 南京审计学院学报, 2015, 12（5）: 45-55.

[27] BLANCO-MAZAGATOS V, QUEVEDO-PUENTE E DE, DELGADO-GARCIA B. Human resource practices and organizational human capital in the family firm: the effect of generational stage[J]. Jounal of Business Research, 2018.

[28] 邓俊荣, 龙蓉蓉. 异质型人力资本对区域经济增长作用机制研究[J]. 科研管理, 2017, 38（12）: 116-121.

[29] 吴伟俊. 人力资本异质性理论与人才"金字塔"体系构建[J]. 学习与实践, 2019（1）: 51-56.

[30] 彭伟斌, 曹稳键. 人力资本集聚对区域高质量发展的影响及其异质性[J]. 求索, 2020（5）: 180-189.

[31] JACKSON S E, STONE V K, ALVAREZ E B. Socialization a midst diversity-the impact of demographics on work team old-timers and newcomers[J]. Research in organizational behavior, 1993, 15（4）: 85-109.

[32] 刘柏, 郭书妍. 董事会人力资本及其异质性与公司绩效[J]. 管理科学, 2017, 30（3）: 23-34.

[33] 王敬勇, 孔令鹏, 薛丽达, 等. 董事会人力资本异质性多维异质性对企业绩效的关系[J]. 财会通讯, 2021（12）: 24-27.

[34] MICHEL J G, HAMBRICK D C. Diversification posture and top management team characteristics[J]. Academy of Management journal, 1992, 35（1）: 9-37.

[35] TIHANYI L, ELLSTRAND A E, DAILY C M, et al. Composition of the

top management team and firm international diversification[J]. Journal of Management, 2000, 26（6）: 1157-1177.

[36] 贺远琼, 杨文. 高管团队特征与企业多元化战略关系的Meta分析[J]. 管理学报, 2010, 7（1）: 91-97.

[37] 王曦若, 迟巍. 高管团队人力资本异质性与企业创新投入的关系: 高管团队地位不平等的调节作用[J]. 技术经济, 2018, 37（8）: 35-42, 86.

[38] 吴翔. 基于制度环境下高管人力资本异质性对企业绩效的影响[J]. 财会研究, 2019（6）: 40-44.

[39] DAFT R L. A dual-core model of organizational innovation[J]. Academy of Management Journal, 1978, 21（2）: 193-210.

[40] HAGEDOOR J, CLOODT M. Measuring innovative performance: is there an advantage in using multipleb indicators?[J].Research Policy, 2003（8）: 1365-1379.

[41] 夏晶, 毛燕. 人力资本价值对企业绩效影响研究: 基于组织学习、组织创新的中介效应[J]. 湖北工业大学学报, 2010, 25（3）: 44-47.

[42] ARVANITIS S, LOUKIS E N, DIAMANTOPOULOU V. Are ICT, workplace organization and human capital relevant for innovation? A comparative study based on Swiss and Greek micro data[J]. Journal of Management, 2013（1）: 45-56.

[43] VAN UDEN A, KNOBEN J, VERMEULEN P. Human capital and innovation in Sub-Saharan countries: a firm-level study[J]. Innovation, 2017, 19（2）: 103-124.

[44] ASSAKER G, HALLAK R, O'CONNOR P. Examining heterogeneity through response-based unit segmentation in PLS-SEM: a study of human capital and firm performance in upscale restaurants[J]. Current Issues in Tourism, 2020, 23（2）: 137-152.

[45] 郑艳艳, 路美弄. 人力资本集聚对企业创新绩效提升的影响机制研究[J]. 改革与开放, 2020（23）: 97-100.

[46] 吴芳，张岩.基于工具性利益相关者视角的员工责任与企业创新绩效研究[J].
    管理学报，2021，18（2）：203-212.

[47] BELL G G. Clusters, networks and firm innovativeness[J]. Strategic
    Management Journal, 2005, 26（3）: 287- 295.

[48] AHUJA G, KATILA R. Technological acquisitions and innovation
    performance of acquiring firms: a longitudinal study[J]. Strategic Management
    Journal, 2008, 22（3）: 197-220.

[49] 吴思华.高科技企业的经营战略[J].中外管理，1997（10）：25-27.

[50] 周希炯.知识转换能力与企业创新绩效：以台湾金融证券业为例[J].中国
    外资，2010（4）：4-7.

[51] 李柏洲，曾经纬.知识搜寻与吸收能力契合对企业创新绩效的影响：知识
    整合的中介作用[J].科研管理，2021，42（6）：120-127.

[52] 苏中锋，孙燕.不良竞争环境中管理创新和技术创新对企业绩效的影响研
    究[J].科学学与科学技术管理，2014，35（6）：110-118.

[53] 刘立波，沈玉志.管理创新能力对组织绩效影响的实证研究[J].华东经济
    管理，2015，29（6）：163-169.

[54] TOOLE A A, CZARNITZKI D. Exploring the relationship between scientist
    human capital and firm performance: the case of biomedical academic
    entrepreneurs in the SBIR program[J]. Management Science, 2009, 55（1）:
    101-114.

[55] BILLSTR A. Human capital, social networks and new firm formation-the role
    of academic and external entrepreneurs in university spin-offs[D]. Chalmers
    university of technology, 2018.

[56] AHLIN B, DMOVSEK M, HISRICH R D. Entrepreneurs, creativity and
    firm innovation: the moderating role of entrepreneurial self-efficacy[J]. Small
    Business Economics, 2014, 43（1）: 101-117.

[57] LAGUIR I, BESTEN M D. The influence of entrepreneur's personal

characteristics on MSEs growth through innovation[J]. Applied Economics,
2016, 48（44）: 1-18.

[58] LI T, DENG Y, JIA X, et al. More entrepreneur innovation and less labor
conflicts-empirical evidence from China employer-employee survey[J].
International Journal of Conflict Management, 2018（3）: 246-263.

[59] 李忠民, 赵参. 企业家人力资本形成分析[J]. 当代财经, 2007（8）: 70-73.

[60] 兰玉杰, 陈晓剑. 企业家人力资本激励约束机制的理论基础与政策选择[J].
数量经济技术经济研究, 2002（2）: 15-17.

[61] 刘小平, 魏志军, 程承坪. 企业家人力资本开发的影响因素[J]. 人才开发,
2002（3）: 34-35.

[62] NORBURN D, BIRLEY S. The top management team and corporate
performance[J]. Strategic management journal, 1988, 9（3）: 225-237.

[63] PRIEM R L. Top management team group factors, consensus and firm
performanc[J]. Strategic Management Journal, 1990, 11（6）: 469-478.

[64] EISENHARDT K M, SCHOONHOVEN C B. Organizational growth: linking
founding team, strategy, environment and growth among US semiconductor
ventures, 1978-1988[J]. Administrative Science Quarterly, 1990, 35（3）:
504-529.

[65] KOR Y Y. Experience-based top management team competence and sustained
growth[J]. Organization Science, 2003, 14（6）: 707-719.

[66] BOONE C, OLFFEN W V, WITTELOOSTUIJN A V, et al. The genesis of
top management team diversity: selective turnover among top management
teams in dutch newspaper publishing, 1970-1994[J]. Academy of Management
Journal, 2004, 47（5）: 633-656.

[67] OLSON B J, PARAYITAM S, TWIGG N W. Mediating role of strategic
choice between top management team diversity and firm performance: upper
echelons theory revisited[J]. Journal of Business and Management, 2006, 12

（2）：111-126.

[68] 顾杰，王雨芹. 高管团队人力资本异质性与企业绩效相关性研究：基于高科技上市公司的数据[J]. 财会通讯，2015（21）：54-56，70.

[69] 肖久灵. 企业高层管理团队的组成特征对团队效能影响的实证研究[J]. 财贸研究，2006（2）：112-117.

[70] 韩庆潇，杨晨，顾智鹏. 高管团队异质性对企业创新效率的门槛效应：基于战略性新兴产业上市公司的实证研究[J]. 中国经济问题，2017（2）：42-53.

[71] 杨波，李佩. 企业高管团队职能背景对企业绩效的影响[J]. 经济论坛，2017（12）：110-117.

[72] PFEFFER J, SALANCIK G R. The external control of organizations：a resource dependence approach[M]. New York：Harper and Row Publishers, 1978.

[73] FINKELSTEINS S, HAMBRICK D C. Top-management-team tenure and organizational outcomes：the moderating role of managerial discretion[J]. Administrative Science Quarterly, 1990, 10（3）：484-503.

[74] 王雪莉，马琳，王艳丽. 高管团队职能背景对企业绩效的影响：以中国信息技术行业上市公司为例[J]. 南开管理评论，2013，16（4）：80-93.

[75] 陈梦媛，唐贵瑶. 面向高管的战略人力资源管理与公司创业关系研究[J]. 山东大学学报（哲学社会科学版），2016（5）：85- 93.

[76] 包莉丽，何少奎，何威风，等. 高管团队背景特征影响企业技术创新绩效的理论分析[J]. 财会通讯，2020（18）：9-11.

[77] 周东. 商业银行技能型异质性人力资本投资的经营效率研究[J]. 统计与信息论坛，2022，37（6）：87-100.

[78] 吴文华. 组织承诺与创新行为的关系：基于高科技企业知识型员工的实证研究[J]. 管理现代化，2011（6）：50-52.

[79] 张镇鸿，王莉红，许彦妮. 知识共享及创新行为：R&D人员人力资本与社会资本作用实证研究[J]. 长春理工大学学报，2011，6（4）：45-46，56.

[80] 刘智强，李超，廖建桥，等. 组织中地位、地位赋予方式与员工创造性产

出：来自国有企事业单位的实证研究[J].管理世界,2015(3):86-101,187-188.

[81] BEHAVIOR J. From manager's emotional intelligence to objective store performance: through store cohesiveness and sales - directed employee behavior[J]. Journal of Organizational Behavior, 2015, 36(6): 23-39.

[82] 朱兆珍,李凤.高管激励与企业创新关系研究述评与未来展望[J].湖北文理学院学报,2021(4):23-27.

[83] SKVORTSOVA I, SIDELNIKOVA A. Impact of intellectual capital on mergers and acquisitions: evidence from developed and emerging capital markets[J]. Journal of Corporate Finance Research, 2020, 14(2): 35-57.

[84] CRESCENZI R, GAGLIARDI L. The innovative performance of firms in heterogeneous environments: the interplay between external knowledge and internal absorptive capacities[J]. Research Policy, 2018, 47(4): 782-795.

[85] 李金生,乔盈.高新技术企业研发团队沟通行为对自主创新绩效的影响:以知识吸收能力为中介变量[J].科技进步与对策,2020,37(11):136-144.

[86] 李子彪,王楠,孙可远.国际化行为对高新技术企业创新绩效的影响机理:基于吸收能力的中介效应[J].科技管理研究,2019,39(8):1-8.

[87] 陈霞.高管激励、研发投入与企业绩效调节效应实证分析[J].统计与决策,2017(1):178-181.

[88] 唐源,邵云飞,陈一君.跨界行为、知识整合能力对企业创新绩效的影响研究:基于知识获取和资源损耗的作用[J].预测,2020,39(4):31-37.

[89] 刘茜,梅强.创新行为嵌入性对中小企业创新绩效的影响:概念模型与解释[J].科技进步与对策,2013,30(13):87-91.

[90] 高照军.开放式创新模式影响国际化企业创新绩效的实证研究[J].科学管理研究,2016,34(2):58-61,107.

[91] 李佳宾,汤淑琴.新企业知识共享、员工创新行为与创新绩效关系研究[J].

社会科学战线, 2017 (9): 246-250.

[92] 李宏贵, 李悦. 新创企业创新逻辑、创新行为与创新绩效: 任务与制度环境视角 [J]. 科技进步与对策, 2018, 35 (11): 84-89.

[93] 吴鑫磊, 梁冰倩. 人力资本与社会资本对组织绩效影响的实证研究 [J]. 上海管理科学, 2017, 39 (6): 82-86.

[94] 胡凤玲, 张敏. 人力资本异质性与企业创新绩效: 调节效应与中介效应分析 [J]. 财贸研究, 2014, 25 (6): 121-128.

[95] WANG H, SUN B. Firm heterogeneity and innovation diffusion performance: absorptive capacities[J]. Management Decision, 2019 (4): 56-68.

[96] 郭东杰, 詹梦琳. 创业团队、人力资本异质性与企业绩效: 基于研发投入的中介效应研究 [J]. 产经评论, 2021, 12 (2): 76-86.

[97] 金基瑶, 杜建国. 中国FDI企业环境绩效的影响机理研究: 不同环境创新行为的双重中介模型 [J]. 管理评论, 2021, 33 (1): 68-79.

[98] SCOTT W R. Institutions and organizations: foundations for organizational science[M]. Thousand Oaks: Sage Publication S, Inc., 1995.

[99] 胡静林. 人力资本与员工持股制度 [J]. 国有资产管理, 2001 (2): 34-38.

[100] MEIJERINK J G, BEIJER S E, BOS-NEHLES A C. A meta-analysis of mediating mechanisms between employee reports of human resource management and employee performance: different pathways for descriptive and evaluative reports?[J]. The International Journal of Human Resource Management, 2021, 32 (2): 56-69.

[101] LOWE J. Locating the line: the front-line supervisor and human resource management, in Blyton P & P Turnbull (Eds)[J]. Reassessing human resource management London: Sage, 1992: 148-168.

[102] HEDSKLD M, SACHS M A, ROSANDER T, el al. Acting between guidelines and reality- an interview study exploring the strategies of first line managers in patient safety work[J]. BMC Health Services Research, 2021,

21（1）：145-158.

[103] BRANDL J, EHNERT I, NEHLES A C. Organizing HRM: the HRM department and line management roles in a comparative perspective, In C. Brewster & W. Mayrhofer（Eds.）[J]. Handbook of Research on Comparative Human Resource Management, 2012: 239-267.

[104] WIDAR L, WALL E, SVENSSON S. Experiences of job demand and control: a study of first line managers in for-profit psychiatric and addiction care[J]. Work, 2021, 69（3）: 35-47.

[105] EDVINSSON L. Some perspectives on intangibles and intellectual capital[J]. Journal of Intellectual Capital, 2000, 1（1）: 12-16.

[106] VIKTOR P, WOLFGANG G, DAVID Z, et al. Do we need human capital heterogeneity for energy efficiency and innovativeness? Insights from European catching-up territories[J]. Energy Policy, 2023, 177（3）.

[107] EMERSON R M. Power-dependence relations[J]. American sociological Review, 1962, 27（1）: 31-41.

[108] RIVKIN J W. Imitation of complex strategies[J]. Management Science, 2000, 46（6）: 824-844.

[109] BECKMAN T. The current state of knowledge management[M]. Boca Tation: Crc Press, 1999.

[110] DAVENPORT T H, PRUSAK L. Working knowledge: how organizations manage what they know[M]. Boston: Harvard Business School Press, 1998.

[111] 陈晓萍, 徐淑英, 樊景立. 组织与管理研究的实证方法[M]. 第2版. 北京: 北京大学出版社, 2012.

[112] HINKIN T R. A brief tutorial on the development of measures for use in survey questionnaires[J]. Organizational research methods, 1998, 1（1）: 104-121.

[113] 贺小刚, 李新春. 企业家能力与企业成长: 基于中国经验的实证研究 [J].

经济研究, 2005 (10): 101-111.

[114] FOSS N J, KLEIN P G, The Judgment-based approach to entrepreneurship: accomplishments, challenges, new directions[J]. Journal of Institutional Economics, 2015, 11 (3): 585-599.

[115] NEHLES A C, VAN RIEMSDIJK M J, LOOISE J C. Assessing the constraints of HR implementation: development and validation of a research instrument [C]. Paper presented at the Academy of Management Annual Meeting, Anaheim, California, USA, August 8-13, 2008.

[116] 陈贤纯, 戴良铁. 一线管理者的人力资源管理实践[J]. 企业管理, 2014 (10): 86-89.

[117] CAMPION M A, MEDSKER G J, HIGGS A C. Relations between work group characteristics and effectiveness: implications for designing effective work groups[J]. Personnel Psychology, 1993, 46 (3): 823 - 855.

[118] AMRIT T, MCLEAN E R. Expertise integration and creativity in information systems development[J]. Journal of Management Information Systems, 2005, 22 (1): 13-43.

[119] 曹勇, 肖琦, 刘弈, 等. 知识异质性与新产品开发绩效: 转化式学习的中介作用与高管支持的调节效应[J]. 科学学与科学技术管理, 2020, 41 (12): 20-34.

[120] 叶江峰, 任浩, 郝斌. 企业间知识异质性、联盟管理能力与创新绩效关系研究[J]. 预测, 2015, 34 (6): 14-20.

[121] PAPA A, DEZI L, GREGORI G L, et al. Improving innovation performance through knowledge acquisition: the moderating role of employee retention and human resource management practices[J]. Journal of Knowledge Management, 2018, 9 (2): 13-20.

[122] 王宁, 赵西萍, 周密, 等. 领导风格、自我效能感对个体反馈寻求的影响研究[J]. 软科学, 2014, 28 (5): 37-42.

[123] 程虹, 高诗雅. 企业管理能力对员工人力资本的影响效应分析[J]. 统计与决策, 2020, 36(8): 164-169.

[124] THOMAS D R. A general inductive approach for analyzing qualitative evaluation data[J]. American Journal of Evaluation, 2006, 27(2): 237-246.

[125] LEE T W. Using qualitative methods in organizational research[M]. Thousand Oaks, CA: Sage, 1999.

[126] 樊景立, 钟晨波, 徐淑英, 等. 组织公民行为概念范畴的归纳性分析[A] 徐淑英, 刘忠明. 中国企业管理的前沿研究, 2004: 398-421.

[127] 吴明隆. 结构方程模型: AMOS 的操作与应用[M]. 重庆: 重庆大学出版社, 2017.

[128] WOODMAN R W, SAWYER J E, GRIFFIN R W. Toward a theory of organizational creativity[J]. Academy of Management Review, 1993, 18(2): 293-321.

[129] AMABILE T M. Creativity in context[M]. Bloulder: Westview, 1996.

[130] HAMBRICK D C, MASON P A. Upper echelons: the organization as a reflection of its top managers[J]. Academy of management review, 1984, 9(2): 193-206.

[131] 张平, 石亚娟, 景宇坤. 基于动态能力的企业人力资源策略研究[J]. 企业活力, 2009(9): 53-55.

[132] 刘阳, 徐世平, 袁文华, 等. 借鉴美国管理理念完善人力资源管理[J]. 农业发展与金融, 2016(4): 82-84.

[133] 张海涛, 肖岚, 李鹏等. 中国企业内部创新创业环境量表的建构与验证[J]. 技术经济, 2020, 39(5): 48-59.

[134] SMITH K G, SMITHK A, DLIAN J D, et al. Top management team demography and process the role of social integration and communication[J]. Administrative Science Quarterly, 1994, 39: 412-438.

[135] WIERSEMAM F, BANTELK A. Top management team demography and

corporate strategic change [J]. Academy of Management Journal. 1992, 35（1）: 91-121.

[136] 刘向阳, 李晓丹, 冼志涛, 等. 一线管理者与人力资源部门的合作如何提升人力资源管理效能: 合作关系与合作满意度的作用 [J]. 中国人力资源开发, 2015（21）: 46-54.

[137] DIAZ-FERNANDEZ M, BORNAY-BARRACHINA M, LOPEZ-CABRALES A. HRM practices and innovation performance: a panel-data approach[J]. International Journal of Manpower, 2017, 12（2）: 45-58.

[138] HUSELID M A. The impact of human resource management practices on turnover, productivity and corporate financial performance[J]. Academy of Management Journal, 1995, 38（3）: 635-672.

[139] 张正堂. 人力资源管理活动与企业绩效的关系: 人力资源管理效能中介效应的实证研究 [J]. 经济科学, 2006（2）: 43-53.

[140] 苏敬勤, 林海芬. 基于核心管理者的管理创新三维引进决策模型构建 [J]. 管理评论, 2013, 25（4）: 103-114.

[141] AMABILE T M. Creativity in context[M]. Boulder: Westview Press. 1996.

[142] NONAKA I, TAKEUCHI H. The knowledge-creating company: how japanese companies create the dynamics of innovation[M]. NewYork: Oxford Press, 1995.

[143] MALM A, BOUCHARD M, DECORTE T, et al. More structural holes, more risk?Network structure and risk perception among marijuana growers[J]. Social Networks, 2017, 51: 127-134.

[144] COHEN J, COHEN P, WEST S G, et al. Applied multiple regression/correlation analysis for the behavioral sciences[M]. Third Edition. Mahwah: Lawrence Erlbaum Associates, Inc., 2003.

[145] 冯文婷, 贾宜正. 电子商务消费奖励计划偏好跨文化差异分析 [J]. 商业研究, 2014（4）: 129-135.

[146] YAM K C, KLOTZ A, HE W, REYNOLDS S. From good soldiers to psychologically entitled: examining when and why citizenship behavior leads to deviance[J]. Academy of Management Journal, 2017, 60（1）: 373-396.

[147] OTTOSSON H, KLYVER K. The effect of human capital on social capital among entrepreneurs[J]. Journal of Enterprising Culture, 2010, 12（3）: 67-82.

[148] COLLONS C J, CLARK K D. Strategic human resource practices, top management team social networks and firm performance: the role of human resource practices in creating organization competitive advantage[J]. Academy of Management Journal, 2003, 46（6）: 740-751.

[149] PODSAKOFF P M, MACKENZIE S B, LEE J Y, et al. Common method biases in behavioral research: a critical review of the literature and recommended remedies[J]. J Appl Psychol, 2003, 88（5）: 879-903.

[150] CRONBACH L J. Coefficient alpha and the internal structure of tests[J]. Psychometrika, 1951, 16（3）: 304.

[151] KLINE R B. Principles and practice of structural equation modeling[M]. New York: Guilford Publications, Inc., 2016.

[152] HAIR J F, BLACK W C, BABIN B J, et al. Multivariate data analysis[M]. 8th edition. Cheriton House, North Way: Cengage Learning, EMEA, 2018.

[153] MACKINNON D P, LOCKWOOD C M, HOFFMAN J M, et al. A comparison of methods to test mediation and other intervening variable effects[J]. Psychological Methods, 2002, 7（1）: 83-104.

[154] 温忠麟, 张雷, 侯杰泰, 等. 中介效应检验程序及其应用[J]. 心理学报, 2004, 36（5）: 614-620.

[155] 方杰, 张敏强. 中介效应的点估计和区间估计: 乘积分布法、非参数Bootstrap 和 MCMC 法[J]. 心理学报, 2012, 44（10）: 1408-1420.

[156] BARON R M, KENNY D A. The moderator-mediator variable distinction in social psychological research: conceptual, strategic and statistical

considerations[J]. Journal of Personality and Social Psychology, 1986, 51 （6）: 1173-1182.

[157] AIKEN L S, WEST S G. Multiple regression: testing and interpreting interactions[M]. Thousand Oaks: Sage Publications, Inc., 1991.

[158] COHEN J, COHEN P, WEST S G, et al. Applied multiple regression/ correlation analysis for the behavioral sciences[M]. Third Edition. Mahwah: Lawrence Erlbaum Associates, Inc., 2003.

[159] JACCARD J, TURRISI R. Interaction effects in multiple regression[M]. Second Edition. New York: Sage Publications, Inc, 2003.

[160] 温忠麟, 叶宝娟. 有调节的中介模型检验方法: 竞争还是替补?[J]. 心理学报, 2014, 46（5）: 714-726.

[161] MULLER D, JUDD C M, YZERBYT V Y. When moderation is mediated and mediation is moderated[J]. Journal of Personality and Social Psychology, 2005, 89（6）: 852-863.

[162] HAYES A F. An index and test of linear moderated mediation[J]. Multivariate behavioral research, 2015, 50（1）: 1-22.

[163] YUAN Y, MACKINNON D P. Bayesian mediation analysis[J]. Psychological Methods, 2009, 14（4）: 301.

[164] EDWARDS J R, LAMBERT L S. Methods for integrating moderation and mediation: a general analytical framework using moderated path analysis[J]. Psychological Methods, 2007, 12（1）: 1-22.

[165] TRUSS C. Complexities and controversies in linking HRM with organizational outcomes[J]. Journal of Management Studies, 2001, 38（8）: 1121-1149.

[166] ARLING P A, MARK W S. Facilitating new knowledge creation and obtaining KM maturity[J]. Journal of Knowledge Management, 2011, 15（2）: 231 - 250.

[167] JAKUBIK M. Experiencing collaborative knowledge creation processes[J]. The Learning Organization, 2011, 15（1）: 5 - 25.

[168] BOLLEN K. Structural equations with latent variables [M]. New York: Wiley, 1989.

[169] ANDERSON J C, GERBING D W. Structural equation modeling in practice: a review and recommended two-step approach[J]. Psychological Bulletin, 1988: 416.

[170] 吴艳, 温忠麟. 结构方程建模中的题目打包策略[J]. 心理科学进展, 2011, 19（12）: 1859.

[171] ROGERS W M, SCHMITT N. Parameter recovery and model fit using multidimensional composites: a comparison of four empirical parceling algorithms[J]. Multivariate behavioral research, 2004, 39（3）: 397.

[172] 李育辉, 王桢, 黄灿炜, 等. 辱虐管理对员工心理痛苦和任务绩效的影响: 一个被调节的中介模型[J]. 管理评论, 2016, 28（2）: 131.

[173] 张柏楠, 徐世勇. 高参与人力资源实践对员工创新行为的影响: 一个中介与调节模型[J]. 科技进步与对策, 2021, 38（7）: 145.

[174] LITTLE T D, BOVAIRD J A, WIDAMAN K F. On the merits of orthogonalizing powered and product terms: implications for modeling interactions among latent variables[J]. Structural equation modeling, 2006, 13（4）: 497-519.

[175] WEN Z, MARSH H W, HAU K. Structural equation models of latent interactions: an appropriate standardized solution and its scale-free properties[J]. Structural equation modeling, 2010, 17（1）: 1-22.

[176] KELAVA A, WERNER C S, SCHERMELLEH-ENGEL K, et al. Advanced nonlinear latent variable modeling: distribution analytic LMS and QML estimators of interaction and quadratic effects[J]. Structural Equation Modeling A Multidisciplinary Journal, 2011, 18（3）: 465-491.

附　录

附录1

企业人力资本异质性开放式问卷调查

尊敬的先生/女士：

本课题组正在进行有关企业人力资本异质性的研究工作，您的回答将是本课题的重要依据。所有数据仅用于学术分析，敬请您根据实际情况放心作答，所有内容将完全匿名保密，感谢您的支持与参与。

第一部分：高层决策者

1. 您的年龄 [单选题] *

　　○ 25岁以下　　○ 25~35岁　　○ 35~45岁　　○ 45~55岁　　○ 55岁以上

2. 您的性别 [单选题] *

　　○ 男　　○ 女

3. 您的最高学历 [单选题] *

　　○ 研究生　　○ 本科　　○ 大专　　○ 大专以下

4. 您所学的专业与从事的行业是否一致 [单选题] *

　　○ 是　　○ 否

5. 您所在企业所在地区 [单选题] *

　　○ 广东省　　○ 北京市　　○ 浙江省　　○ 黑龙江省

高新技术企业决策层人力资本异质性是指体现高新技术企业高层决策者自身价值的个体特征的差异，包括外部易观察特征和内部深层次特征。外部易观察特征异质性主要包括年龄、性别、种族、教育水平和职能背景等显性特征差异；内部深层次特征异质性主要包括所拥有的专业知识、技能、经验、体力素质、人格、价值观，以及其掌握的信息资源、社会资本、创新能力等个体特征的差异。

以上是学术上企业人力资本异质性的定义，您认为现实中高层决策者具有哪些人力资本异质性特点？（请您写出至少4个特点，写得越多、越详细，越好）

第二部分：核心管理者

1. 您的年龄 [单选题] *

　　○ 25岁以下　　○ 25～35岁　　○ 35～45岁　　○ 45～55岁　　○ 55岁以上

2. 您的性别 [单选题] *

　　○ 男　　○ 女

3. 您的最高学历 [单选题] *

　　○ 研究生　　○ 本科　　○ 大专　　○ 大专以下

4. 您所学的专业与从事的行业是否一致 [单选题] *

　　○ 是　　○ 否

5. 您所在企业所在地区 [单选题] *

　　○ 广东省　　○ 北京市　　○ 浙江省　　○ 黑龙江省

高新技术企业核心层人力资本异质性是指体现高新技术企业核心管理者自身价值的个体特征的差异，包括外部易观察特征和内部深层次特征。外部易观察特征异质性主要包括年龄、性别、种族、教育水平和职能背景等显性特征差异；内部深层次特征异质性主要包括所拥有的专业知识、技能、经验、体力素质、人格、价值观，以及其掌握的信息资源、社会资本、创新能力等个体特征的差异。

以上是学术上企业人力资本异质性的定义，您认为现实中核心管理者具有哪些人力资本异质性特点？（请您写出至少4个特点，写得越多、越详细，越好）

第三部分：基层员工

1. 您的年龄 [单选题] *

　　○ 25岁以下　　○ 25～35岁　　○ 35～45岁　　○ 45～55岁　　○ 55岁以上

2. 您的性别 [单选题] *

　　○ 男　　○ 女

3. 您的最高学历 [单选题] *

　　○ 研究生　　○ 本科　　○ 大专　　○ 大专以下

4. 您所学的专业与从事的行业是否一致 [单选题] *

　　○ 是　　○ 否

5. 您所在企业所在地区 [单选题] *

　　○ 广东省　　○ 北京市　　○ 浙江省　　○ 黑龙江省

高新技术企业基础层人力资本异质性是指体现高新技术企业基层员工自身价值的个体特征的差异，包括外部易观察特征和内部深层次特征。外部易观察特征异质性主要包括年龄、性别、种族、教育水平和职能背景等显性特征差异；内部深层次特征异质性主要包括所拥有的专业知识、技能、经验、体力素质、人格、价值观，以及其掌握的信息资源、社会资本、创新能力等个体特征的差异。

以上是学术上企业人力资本异质性的定义，您认为现实中基层员工具有哪些人力资本异质性特点？（请您写出至少4个特点，写得越多、越详细、越好）

附录2

企业人力资本异质性调研问卷

尊敬的先生/女士：

本课题组正在进行有关企业人力资本异质性的研究工作，您的回答将是本课题的重要依据。敬请您根据实际情况，回答好下面的每一个问题。本问卷采用不记名方式填答且仅用于数据分析，决不会进行个别处理和披露，不存在任何商业用途，请您放心回答。

非常感谢您的合作与支持！

第一部分：高层决策者

1. 您所在的部门 [单选题] *

　　○ 综合部　　○ 财务部　　○ 生产技术部　　○ 计划营销部　　○ 安全监察部

　　○人力资源部　　○ 其他

2. 您的年龄 [单选题] *

　　○ 25岁以下　　○ 25～35岁　　○ 35～45岁　　○ 45～55岁　　○ 55岁以上

3. 您的性别 [单选题] *

　　○ 男　　○ 女

4. 您的最高学历 [单选题] *

　　○ 研究生　　○ 本科　　○ 大专　　○ 大专以下

5. 您所学的专业与从事的行业是否一致 [单选题] *

　　○ 是　　○ 否

6. 您所在企业的所有制形式 [单选题] *

　　○ 国有企业　　○ 私营企业　　○ 其他

7. 您所在企业所在地区 [单选题] *

　　○ 广东省　　○ 江苏省　　○ 北京市　　○ 浙江省　　○ 湖北省

　　○ 四川省　　○ 黑龙江省

8. 你所在企业成立年限 [单选题] *

　　○ 1～3年　　○ 3～6年　　○ 6～9年　　○ 9年以上

以下题项问卷填写说明：在本问卷中，每个问题分别有5个数字可供选择，每个数字分别对应其上文字。被调研者需要对每个问题选择一个最准确的数字，不能多选。例如，对于下面的第一题"您所在企业高层决策者根据企业文化和核心价值做出有洞察力的判断的能力差异很大"，若您认为它非常符合您所在企业的实际情况，请选择5；若极不符合，请选择1；有点儿符合，请选择3。其他问题依次类推。

题项	极不符合	不符合	符合	较符合	非常符合
	1	2	3	4	5
1.您所在企业高层决策者根据企业文化和核心价值做出有洞察力的判断的能力差异很大	1	2	3	4	5
2.您所在企业高层决策者对事物的未来进行预先的估计和推测的能力差异很大	1	2	3	4	5
3.您所在企业高层决策者具有的胆识差异很大	1	2	3	4	5
4.您所在企业高层决策者认识分析复杂问题并做出正确创新战略选择的能力差异很大	1	2	3	4	5
5.您所在企业高层决策者创新信息整合能力和独立思维的能力差异很大	1	2	3	4	5
6.您所在企业高层决策者发掘新的创新点和商机的能力差异很大	1	2	3	4	5
7.您所在企业高层决策者的学历差异很大	1	2	3	4	5
8.您所在企业高层决策者的年龄差异很大	1	2	3	4	5
9.您所在企业高层决策者的任期差异很大	1	2	3	4	5
10.您所在企业高层决策者的职能背景差异不大	1	2	3	4	5

第二部分：核心管理者

1.您所在的部门 [单选题] *

　　○ 综合部　　○ 财务部　　○ 生产技术部　　○ 计划营销部　　○ 安全监察部
　　○人力资源部　　○ 其他

2.您的年龄 [单选题] *

　　○ 25岁以下　　○ 25～35岁　　○ 35～45岁　　○ 45～55岁　　○ 55岁以上

3.您的性别 [单选题] *

　　○ 男　　○ 女

4.您的最高学历 [单选题] *

　　○ 研究生　　○ 本科　　○ 大专　　○ 大专以下

5. 您所学的专业与从事的行业是否一致 [单选题] *

　　○ 是　　○ 否

6. 您所在企业的所有制形式 [单选题] *

　　○ 国有企业　　○ 私营企业　　○ 其他

7. 您所在企业所在地区 [单选题] *

　　○ 广东省　　○ 江苏省　　○ 北京市　　○ 浙江省　　○ 湖北省

　　○ 四川省　　○ 黑龙江省

8. 你所在企业成立年限 [单选题] *

　　○ 1～3年　　○ 3～6年　　○ 6～9年　　○ 9年以上

以下题项问卷填写说明：问卷中，每个问题分别有5个数字可供选择，每个数字分别对应其上文字。被调研者需要对每个问题选择一个最准确的数字，不能多选。例如，对于下面的第一题"您及同级别成员所掌握的专业知识分析能力和技术水平差异很大"，若您认为它非常符合您所在企业的实际情况，请选择5；若极不符合请选择1，有点儿符合请选择3。其他问题依次类推。

题项	极不符合	不符合	符合	较符合	非常符合
	1	2	3	4	5
1. 您及同级别成员所掌握的专业知识分析能力和技术水平差异很大	1	2	3	4	5
2. 您及同级别成员所掌握的新产品生产管理流程的水平差异很大	1	2	3	4	5
3. 您及同级别成员所掌握和熟悉特定专业领域中的惯例与工具的能力差异很大	1	2	3	4	5
4. 您及同级别成员对下属的领导能力差异很大	1	2	3	4	5
5. 您及同级别成员处理各种人际关系的沟通能力差异很大	1	2	3	4	5
6. 您及同级别成员的语言表达能力差异很大	1	2	3	4	5
7. 您及同级别成员对相关工具和规章政策掌握的熟练运用能力差异很大	1	2	3	4	5

题项	极不符合	不符合	符合	较符合	非常符合
	1	2	3	4	5
8. 您及同级别成员针对复杂情况进行抽象思考，形成观念的思维能力差异很大	1	2	3	4	5
9. 您及同级别成员目标管理和开拓创新的能力差异很大	1	2	3	4	5

第三部分：基层技术员工

1. 您所在的部门 [单选题] *

　　○ 综合部　　○ 财务部　　○ 生产技术部　　○ 计划营销部　　○ 安全监察部

　　○人力资源部　　○ 其他

2. 您的年龄 [单选题] *

　　○ 25 岁以下　　○ 25～35 岁　　○ 35～45 岁　　○ 45～55 岁　　○ 55 岁以上

3. 您的性别 [单选题] *

　　○ 男　　○ 女

4. 您的最高学历 [单选题] *

　　○ 研究生　　○ 本科　　○ 大专　　○ 大专以下

5. 您所学的专业与从事的行业是否一致 [单选题] *

　　○ 是　　○ 否

6. 您所在企业的所有制形式 [单选题] *

　　○ 国有企业　　○ 私营企业　　○ 其他

7. 您所在企业所在地区 [单选题] *

　　○ 广东省　　○ 江苏省　　○ 北京市　　○ 浙江省　　○ 湖北省

　　○ 四川省　　○ 黑龙江省

8. 你所在企业成立年限 [单选题] *

　　○ 1～3 年　　○ 3～6 年　　○ 6～9 年　　○ 9 年以上

以下题项问卷填写说明：问卷中，每个问题分别有 5 个数字可供选择，每个数字分别对应其上文字。被调研者需要对每个问题选择一个最准确的数字，不能多选。例如，对于下面的第一题"您所在的团队基层员工各自的专长差别不大"，若您认为它非常符合您所在企业的实际情况，请选择5；若极不符合请选择1，有点儿符合请选择3。其他问题依次类推。

题项	极不符合	不符合	符合	较符合	非常符合
	1	2	3	4	5
1.您所在的团队基层员工各自的专长差别不大	1	2	3	4	5
2.您所在的团队基层员工有各种不同的工作背景	1	2	3	4	5
3.您所在的团队基层员工拥有相辅相成的技能和能力	1	2	3	4	5

调查问卷填写结束！再次感谢您的配合！

附录3

情境实验调研问卷

尊敬的先生/女士：

本问卷所有内容将完全匿名保密。所有数据仅用于学术分析，请您放心作答，感谢您的参与与配合。

情境一：决策层人力资本异质性高、外部关系维护能力强

第一部分：根据以往的日常工作情况回忆，决策层人力资本异质性程度

小张作为企业的核心管理者，根据以往的日常工作情况回忆道，企业高层决策者在决策能力、创新能力和学习能力方面差异程度很大。高层决策者最高学历既有中专学历，也有研究生学历；洞察力及对事物的未来的估计和推测能力差异很大；有的领导不愿意创新，不愿意接受新鲜事物，高层决策者间认识分析复杂问题并做出正确创新战略选择的能力差异很大；创新信息整合能力和独立思维能力、发掘新的创新点和商机的能力差异也很大。

通过如上脚本，请您对如下问题进行作答：

1.企业高层决策者根据企业文化和核心价值做出有洞察力的判断的能力差异很大

非常不同意 1　2　3　4　5 非常同意

2.企业高层决策者对事物的未来进行预先的估计和推测的能力差异很大

非常不同意 1　2　3　4　5 非常同意

3.企业高层决策者具有胆识的差异很大

非常不同意 1　2　3　4　5 非常同意

4.企业高层决策者认识分析复杂问题并做出正确创新战略选择的能力差异很大

非常不同意 1　2　3　4　5 非常同意

5.企业高层决策者创新信息整合能力和独立思维能力差异很大

非常不同意 1　2　3　4　5 非常同意

6.企业高层决策者发掘新的创新点和商机的能力差异很大

非常不同意 1　2　3　4　5 非常同意

7.企业高层决策者的学历差异很大

非常不同意 1　2　3　4　5 非常同意

8.企业高层决策者的年龄差异很大

非常不同意 1　2　3　4　5 非常同意

9.企业高层决策者的任期差异很大

非常不同意 1　2　3　4　5 非常同意

10.企业高层决策者的职能背景差异不大

非常不同意 1　2　3　4　5 非常同意

第二部分：下面请大家根据脚本叙述的实际情况作答。

面对如下情境：小张回忆道，高层决策者外部关系维护能力很强。企业高层决策者与政府部门联系很紧密，企业经常接待政府相关部门的工作人员莅临指导工作；企业高层决策者与社会网络中其他个体成员之间的合作和交流能力很强，经常组织本部门核心管理者与技术员工到本行业优质企业进行交流与学习；企业高层决策者善于发掘影响企业创新战略实施的外部资源。

通过如上脚本，请您对如下问题进行作答：

1.企业高层决策者与社会网络中其他个体成员联系来往紧密

非常不同意 1 2 3 4 5 非常同意

2.企业高层决策者与社会网络中其他科研机构、组织团队交流、联系来往紧密

非常不同意 1 2 3 4 5 非常同意

3.企业高层决策者对实施创新战略的方向和进度把握得很好

非常不同意 1 2 3 4 5 非常同意

4.企业高层决策者在正式或非正式的组织或团体中担任重要角色

非常不同意 1 2 3 4 5 非常同意

第三部分：中介变量与因变量

中介变量

1.在上述情境中，您所在企业高层决策者鼓励员工开展创新型的创新活动

非常不同意 1 2 3 4 5 非常同意

2. 您所在企业高层决策者对进行创新型活动的个人或团队都会给予充分的独立行动自由

非常不同意 1 2 3 4 5 非常同意

3.您所在企业高层决策者支持员工尝试小规模的创新项目，尽管有些项目很可能会不成功

非常不同意 1 2 3 4 5 非常同意

4.您所在企业高层决策者总是能及时满足员工创新所提出的资源要求

非常不同意 1 2 3 4 5 非常同意

5.您所在企业高层决策者的员工通常能获得创新型活动所需的各种相关信息和资料

非常不同意 1 2 3 4 5 非常同意

6.您所在企业高层决策者能提供员工创新知识和技能的培训机会

非常不同意 1 2 3 4 5 非常同意

7.您所在企业高层决策者不会对成功完成创新项目的员工提供额外报酬

非常不同意 1 2 3 4 5 非常同意

8.您所在企业高层决策者总是把内部创新成功的员工作为正面宣传典型

非常不同意 1 2 3 4 5 非常同意

9.您所在企业高层决策者对开展创新项目的员工提供一定奖励，即使创新项目有可能失败

非常不同意 1 2 3 4 5 非常同意

10.您所在企业高层决策者注重企业内部的知识产权保护

非常不同意 1 2 3 4 5 非常同意

11.您所在企业高层决策者鼓励员工冒险和容许失败

非常不同意 1 2 3 4 5 非常同意

12.您所在企业高层决策者崇尚自由开放和创新变革

非常不同意 1 2 3 4 5 非常同意

13.您所在企业高层决策者内部存在较多的横向合作关系

非常不同意 1 2 3 4 5 非常同意

14.您所在企业高层决策者每个岗位职责不可以灵活调整

非常不同意 1　2　3　4　5　非常同意

15.您所在企业高层决策者决策高度灵活，员工可以参与决策

非常不同意 1　2　3　4　5　非常同意

因变量

1.您所在企业市场发展潜力很大、发展环境很好

非常不同意 1　2　3　4　5　非常同意

2.您所在企业的人力资源管理、领导、控制效率很高

非常不同意 1　2　3　4　5　非常同意

3.您所在企业的财务管理效率很高

非常不同意 1　2　3　4　5　非常同意

4.您所在企业新产品开发的成功率很高、质量很好

非常不同意 1　2　3　4　5　非常同意

5.您所在企业新产品销售额占总销售额的比重很大

非常不同意 1　2　3　4　5　非常同意

6.您所在企业开发和投放新产品的数量与种类很多，发明专利数量很多，速度也很快

非常不同意 1　2　3　4　5　非常同意

第四部分：控制变量

1.您的年龄 [单选题]*

　　○ 25岁以下 ○ 25～35岁 ○ 35～45岁 ○ 45～55岁 ○ 55岁以上

2.您的性别 [单选题] *

　　○ 男 ○ 女

3.您的最高学历[单选题] *

　　○ 研究生○ 本科○ 大专○ 大专以下

4.您所学的专业与从事的行业是否一致[单选题] *

　　○ 是 ○ 否

5.您所在企业的所有制形式[单选题] *

　　○ 国有企业 ○ 私营企业 ○ 其他

6.你所在企业成立年限[单选题] *

　　○ 1～3年○ 3～6年 ○ 6～9年○ 9年以上

　　情境实验中按照决策层、核心层和基础层3个层次，共计设置12个情境。由于篇幅有限，附录中仅给出决策层人力资本异质性高、外部关系维护能力强的问卷。其余情境不再赘述。

附录 4

企业人力资本与企业创新绩效实地调研问卷

尊敬的先生/女士：

　　本课题组正在进行有关企业人力资本及其企业创新绩效等方面的研究工作，以期深入揭示它们之间的内在关系，为企业管理实践提供理论支持。您的回答将是本课题的重要依据，敬请您根据实际情况，回答好下面的每一个问题。本问卷采用不记名方式填答且仅用于数据分析，决不会进行个别处理和披露，不存在任何商业用途，请您放心回答。

　　非常感谢您的合作与支持！

　　1.您所在的部门[单选题] *

　　　　○综合部　○财务部　○生产技术部　○计划营销部　○安全监察部

　　　　○人力资源部　○ 其他

2. 您的年龄 [单选题] *

　　○ 25岁以下　　○ 25～35岁　　○ 35～45岁　　○ 45～55岁　　○ 55岁以上

3. 您的性别 [单选题] *

　　○ 男　　○ 女

4. 您的最高学历 [单选题] *

　　○ 研究生　　○ 本科　　○ 大专　　○ 大专以下

5. 您所学的专业与从事的行业是否一致 [单选题] *

　　○ 是　　○ 否

6. 您所在企业的所有制形式 [单选题] *

　　○ 国有企业　　○ 私营企业　　○ 其他

7. 您所在企业所在地区 [单选题] *

　　○ 广东省　　○ 江苏省　　○ 北京市　　○ 浙江省　　○ 湖北省

　　○ 四川省　　○ 黑龙江省

8. 你所在企业成立年限 [单选题] *

　　○ 1～3年　　○ 3～6年　　○ 6～9年　　○ 9年以上

以下题项问卷填写说明：在本问卷中，每个问题分别有5个数字可供选择，每个数字分别对应其上文字。被调研者需要对每个问题选择一个最准确的数字，不能多选。例如，对于下面的第一题"您所在企业高层决策者根据企业文化和核心价值做出有洞察力的判断的能力差异很大"，若您认为它非常符合您所在企业的实际情况，请选择5；若极不符合请选择1，有点儿符合请选择3。其他问题依次类推。

题项	极不符合	不符合	符合	较符合	非常符合
	1	2	3	4	5
第一部分：决策层					
1.您所在企业高层决策者根据企业文化和核心价值做出有洞察力的判断的能力差异很大	1	2	3	4	5

题项	极不符合	不符合	符合	较符合	非常符合
	1	2	3	4	5
2. 您所在企业高层决策者对事物的未来进行预先的估计和推测的能力差异很大	1	2	3	4	5
3. 您所在企业高层决策者具有的胆识差异很大	1	2	3	4	5
4. 您所在企业高层决策者认识分析复杂问题并做出正确创新战略选择的能力差异很大	1	2	3	4	5
5. 您所在企业高层决策者的创新信息整合能力和独立思维的能力差异很大	1	2	3	4	5
6. 您所在企业高层决策者发掘新的创新点和商机的能力差异很大	1	2	3	4	5
7. 您所在企业高层决策者的学历差异很大	1	2	3	4	5
8. 您所在企业高层决策者的年龄差异很大	1	2	3	4	5
9. 您所在企业高层决策者的任期差异很大	1	2	3	4	5
10. 您所在企业高层决策者的职能背景差异不大	1	2	3	4	5
11. 您所在企业高层决策者鼓励员工开展创新型的创新活动	1	2	3	4	5
12. 您所在企业高层决策者对进行创新型活动的个人或团队都会给予充分的独立行动自由	1	2	3	4	5
13. 您所在企业高层决策者支持员工尝试小规模的创新项目，尽管有些项目很可能会不成功	1	2	3	4	5
14. 您所在企业高层决策者总是能及时满足员工创新所提出的资源要求	1	2	3	4	5
15. 您所在企业高层决策者的员工通常能获得创新型活动所需的各种相关信息和资料	1	2	3	4	5
16. 您所在企业高层决策者能提供员工创新知识和技能的培训机会	1	2	3	4	5
17. 您所在企业高层决策者不会对成功完成创新项目的员工提供额外报酬	1	2	3	4	5
18. 您所在企业高层决策者总是把内部创新成功的员工作为正面宣传典型	1	2	3	4	5
19. 您所在企业高层决策者对开展创新项目的员工提供一定奖励，即使创新项目有可能失败	1	2	3	4	5

题项	极不符合	不符合	符合	较符合	非常符合
	1	2	3	4	5
20. 您所在企业高层决策者注重企业内部的知识产权保护	1	2	3	4	5
21. 您所在企业高层决策者鼓励员工冒险和容许失败	1	2	3	4	5
22. 您所在企业高层决策者崇尚自由开放和创新变革	1	2	3	4	5
23. 您所在企业高层决策者内部存在较多的横向合作关系	1	2	3	4	5
24. 您所在企业高层决策者每个岗位职责不可以灵活调整	1	2	3	4	5
25. 您所在企业高层决策者决策高度灵活，员工可以参与决策	1	2	3	4	5
26. 您所在企业高层决策者与社会网络中其他个体成员联系来往紧密	1	2	3	4	5
27. 您所在企业高层决策者与社会网络中其他科研机构、组织团队交流、联系来往紧密	1	2	3	4	5
28. 您所在企业高层决策者对实施创新战略的方向和进度把握得很好	1	2	3	4	5
29. 您所在企业高层决策者在正式或非正式的组织或团体中担任重要角色	1	2	3	4	5
第二部分：核心层					
1. 您所在企业高层决策者与社会网络中其他个体成员联系来往紧密	1	2	3	4	5
2. 您所在企业高层决策者与社会网络中其他科研机构、组织团队交流、联系来往紧密	1	2	3	4	5
3. 您所在企业高层决策者对实施创新战略的方向和进度把握得很好	1	2	3	4	5
4. 您所在企业高层决策者在正式或非正式的组织或团体中担任重要角色	1	2	3	4	5
5. 您及同级别成员所掌握的专业知识分析能力和技术水平差异很大	1	2	3	4	5
6. 您及同级别成员所掌握的新产品生产管理流程的水平差异很大	1	2	3	4	5

题项	极不符合	不符合	符合	较符合	非常符合
	1	2	3	4	5
7. 您及同级别成员所掌握和熟悉特定专业领域中的惯例与工具的能力差异很大	1	2	3	4	5
8. 您及同级别成员对下属的领导能力差异很大	1	2	3	4	5
9. 您及同级别成员处理各种人际关系的沟通能力差异很大	1	2	3	4	5
10. 您及同级别成员的语言表达能力差异很大	1	2	3	4	5
11. 您及同级别成员对相关工具和规章政策掌握的熟练运用能力差异很大	1	2	3	4	5
12. 您及同级别成员针对复杂情况进行抽象思考，形成观念的思维能力差异很大	1	2	3	4	5
13. 您及同级别成员目标管理和开拓创新的能力差异很大	1	2	3	4	5
14. 您及同级别成员得到的报酬直接与工作绩效相关	1	2	3	4	5
15. 您及同级别成员参加岗位技能培训、管理技能培训的机会很多	1	2	3	4	5
16. 您及同级别成员绩效评估系统能够评估基层员工的优势和弱势	1	2	3	4	5
17. 您所在的企业有规范的招聘程序，能够很容易招聘到符合岗位要求的人	1	2	3	4	5
18. 您及同级别成员没有想要的晋升机会	1	2	3	4	5
第三部分：基础层					
1. 您所在的团队基层员工各自的专长差别不大	1	2	3	4	5
2. 您所在的团队基层员工有各种不同的工作背景	1	2	3	4	5
3. 您所在的团队基层员工拥有相辅相成的技能和能力	1	2	3	4	5
4. 您所在的团队基层员工将个人内隐知识共享给组织内其他人员的能力很强	1	2	3	4	5
5. 您所在的团队基层员工将个人知识转换为易于理解的外显知识的能力很强	1	2	3	4	5
6. 您所在的团队基层员工将组织内异质性知识加工成新知识的能力很强	1	2	3	4	5

续　表

题项	极不符合	不符合	符合	较符合	非常符合
	1	2	3	4	5
7. 您所在的团队基层员工将新外显知识转换成新内隐知识的能力很强	1	2	3	4	5
8. 您所在的团队基层员工能够更快地以更低的成本获取更高质量的各类知识	1	2	3	4	5
9. 您所在的团队基层员工能够根据环境和自身需要，合理、有效地配置知识	1	2	3	4	5
10. 您所在的团队基层员工能够更快地以更低的成本地将创新知识转化为生产力	1	2	3	4	5
第四部分：企业创新绩效					
1. 您所在企业市场发展潜力很大、发展环境很好	1	2	3	4	5
2. 您所在企业人力资源管理、领导、控制效率很高	1	2	3	4	5
3. 您所在企业财务管理效率很高	1	2	3	4	5
4. 您所在企业新产品开发的成功率很高、质量很好	1	2	3	4	5
5. 您所在企业新产品销售额占总销售额的比重很大	1	2	3	4	5
6. 您所在企业开发和投放新产品的数量与种类很多，发明专利数量很多，速度很快	1	2	3	4	5

调查问卷填写结束！再次感谢您的配合！

附录 5

基于实验研究的决策层样本描述性统计分析

Construct/Item	N	Minimum	Maximum	Mean	Std. Deviation	Skewness	Kurtosis
DDMA1	254	1.000	5.000	3.480	0.879	−0.257	0.099
DDMA2	254	1.000	5.000	3.417	0.880	−0.150	0.036
DDMA3	254	1.000	5.000	3.681	0.909	−0.343	0.080
DDMA	254	1.000	5.000	3.526	0.772	−0.395	0.693

Construct/Item	N	Minimum	Maximum	Mean	Std. Deviation	Skewness	Kurtosis
DIC1	254	1.000	5.000	3.535	0.832	−0.072	0.071
DIC2	254	1.000	5.000	3.539	0.822	0.002	−0.308
DIC3	254	1.000	5.000	3.559	0.863	−0.202	0.100
DIC	254	1.667	5.000	3.545	0.702	0.164	0.104
DLA1	254	1.000	5.000	3.748	0.834	−0.034	−0.532
DLA2	254	1.000	5.000	3.500	0.870	−0.290	0.354
DLA3	254	1.000	5.000	3.520	0.870	0.012	−0.156
DLA4	254	1.000	5.000	3.547	0.878	−0.004	−0.204
DLA	254	1.500	5.000	3.579	0.723	0.063	0.001
DMTD	254	2.000	5.000	3.550	0.600	0.042	−0.120
MS1	254	1.000	5.000	3.413	0.989	−0.066	−0.567
MS2	254	1.000	5.000	3.543	0.984	−0.385	−0.222
MS3	254	1.000	5.000	3.425	1.014	−0.219	−0.351
MS	254	1.000	5.000	3.461	0.874	−0.223	−0.204
RSS1	254	1.000	5.000	3.469	1.004	−0.196	−0.523
RSS2	254	1.000	5.000	3.370	0.968	−0.141	−0.439
RSS3	254	1.000	5.000	3.512	0.985	−0.146	−0.592
RSS	254	1.000	5.000	3.450	0.827	−0.277	−0.088
RWS1	254	1.000	5.000	3.484	0.948	−0.067	−0.669
RWS2	254	1.000	5.000	3.197	1.086	−0.062	−0.617
RWS3	254	1.000	5.000	3.358	0.963	−0.262	−0.158
RWS	254	1.000	5.000	3.346	0.840	0.007	−0.429
OC1	254	1.000	5.000	3.303	1.048	−0.071	−0.567
OC2	254	1.000	5.000	3.346	0.985	−0.141	−0.258
OC3	254	1.000	5.000	3.437	1.011	−0.128	−0.479
OC	254	1.000	5.000	3.362	0.859	−0.096	−0.025
OS1	254	1.000	5.000	3.417	0.978	−0.124	−0.419
OS2	254	1.000	5.000	3.331	0.982	−0.300	−0.068
OS3	254	1.000	5.000	3.378	1.059	−0.380	−0.361
OS	254	1.000	5.000	3.375	0.836	−0.355	−0.141

续　表

Construct/Item	N	Minimum	Maximum	Mean	Std. Deviation	Skewness	Kurtosis
OIE	254	1.200	5.000	3.399	0.661	−0.382	0.361
ERMC1	254	1.000	5.000	3.472	0.842	0.047	−0.185
ERMC2	254	2.000	5.000	3.740	0.777	0.082	−0.675
ERMC3	254	2.000	5.000	3.744	0.786	0.093	−0.726
ERMC4	254	1.000	5.000	3.783	0.818	−0.281	0.040
ERMC	254	1.750	5.000	3.685	0.673	0.179	−0.221
MIP1	254	1.000	5.000	3.622	1.077	−0.291	−0.672
MIP2	254	1.000	5.000	3.480	1.077	−0.169	−0.767
MIP3	254	1.000	5.000	3.457	1.112	−0.281	−0.697
MIP	254	1.000	5.000	3.520	0.916	−0.118	−0.645
TIP1	254	1.000	5.000	3.449	0.996	−0.172	−0.495
TIP2	254	1.000	5.000	3.575	0.928	−0.250	−0.260
TIP3	254	1.000	5.000	3.535	0.988	−0.322	−0.267
TIP	254	1.000	5.000	3.520	0.812	−0.194	0.004
BIP	254	1.000	5.000	3.520	0.757	−0.229	0.123

附录 6

基于实验研究的决策层基线等同性检验

变量	范围	实验组别								χ^2	P
		组1		组2		组3		组4			
		n	%	n	%	n	%	n	%		
Department	综合部	4	6.3	8	14.0	3	5.0	7	9.6	6.284	0.711
	生产技术部	29	45.3	23	40.4	27	45.0	32	43.3		
	计划运营部	19	29.7	18	31.6	15	25.0	18	24.7		
	安全监察部	12	18.8	8	14.0	15	25.0	16	21.9		
Age	25 岁以下	1	1.6	1	1.8	1	1.7	3	4.1	7.811	0.800
	25～35 岁	12	18.8	15	26.3	8	13.3	12	16.4		
	35～45 岁	37	57.8	33	57.9	41	68.3	41	56.2		

变量	范围	实验组别								χ^2	P
		组1		组2		组3		组4			
		n	%	n	%	n	%	n	%		
Age	45～55岁	12	18.8	7	12.3	9	15.0	16	21.9		
	55岁以上	2	3.1	1	1.8	1	1.7	1	1.4		
Gender	男性	38	59.4	42	73.7	33	55.0	51	69.9	6.120	0.106
	女性	26	40.6	15	26.3	27	45.0	22	30.1		
Edu	大专以下	1	1.6	0	0.0	2	3.3	1	1.4	5.461	0.792
	大专	13	20.3	13	22.8	13	21.7	15	20.5		
	本科	35	54.7	27	47.4	24	40.0	38	52.1		
	研究生	15	23.4	17	29.8	21	35.0	19	26.0		
Major	一致	57	89.1	48	84.2	52	86.7	64	87.7	0.668	0.881
	不一致	7	10.9	9	15.8	8	13.3	9	12.3		
Ownership	国有企业	10	15.6	12	21.1	14	23.3	13	17.8	9.270	0.159
	私营企业	32	50.0	33	57.9	35	58.3	49	67.1		
	其他	22	34.4	12	21.1	11	18.3	11	15.1		
Area	广东省	4	6.3	3	5.3	8	13.3	8	11.0	21.762	0.243
	江苏省	4	6.3	2	3.5	4	6.7	10	13.7		
	北京市	6	9.4	9	15.8	3	5.0	10	13.7		
	浙江省	21	32.8	11	19.3	13	21.7	10	13.7		
	湖北省	6	9.4	7	12.3	6	10.0	6	8.2		
	四川省	5	7.8	6	10.5	9	15.0	12	16.4		
	黑龙江省	18	28.1	19	33.3	17	28.3	17	23.3		
Year	1～3年	4	6.3	3	5.3	2	3.3	3	4.1	10.634	0.302
	3～6年	22	34.4	22	38.6	13	21.7	17	23.3		
	6～9年	33	51.6	23	40.4	35	58.3	45	61.6		
	9年以上	5	7.8	9	15.8	10	16.7	8	11.0		
Number	100人以下	19	29.7	13	22.8	9	15.0	10	13.7	13.636	0.136
	100～200人	19	29.7	15	26.3	12	20.0	24	32.9		
	200～300人	18	28.1	20	35.1	21	35.0	25	34.2		
	300～500人	8	12.5	9	15.8	18	30.0	14	19.2		

附录7

基于实验研究的决策层样本验证性因子分析

Construct	Item	Std. Factor Loading	S.E.	t	P	CR	AVE
First Order							
DDMA	DDMA1	0.890	0.027	33.574	0.000	0.825	0.613
	DDMA2	0.734	0.035	20.717	0.000		
	DDMA3	0.713	0.038	18.945	0.000		
DIC	DIC1	0.684	0.039	17.441	0.000	0.816	0.600
	DIC2	0.727	0.036	20.185	0.000		
	DIC3	0.896	0.025	35.472	0.000		
DLA	DLA1	0.793	0.034	23.367	0.000	0.796	0.566
	DLA2	0.773	0.035	22.015	0.000		
	DLA3	0.687	0.041	16.664	0.000		
MS	MS1	0.811	0.029	28.323	0.000	0.852	0.658
	MS2	0.769	0.032	24.030	0.000		
	MS3	0.852	0.026	32.977	0.000		
RSS	RSS1	0.785	0.034	22.783	0.000	0.789	0.556
	RSS2	0.681	0.041	16.457	0.000		
	RSS3	0.766	0.035	21.588	0.000		
RWS	RWS1	0.765	0.037	20.798	0.000	0.793	0.561
	RWS2	0.699	0.041	17.177	0.000		
	RWS3	0.781	0.036	21.816	0.000		
OC	OC1	0.721	0.037	19.296	0.000	0.806	0.582
	OC2	0.750	0.035	21.183	0.000		
	OC3	0.814	0.031	26.178	0.000		
OS	OS1	0.760	0.037	20.401	0.000	0.773	0.532
	OS2	0.732	0.039	18.639	0.000		
	OS3	0.695	0.042	16.733	0.000		
ERMC	ERMC1	0.780	0.030	26.154	0.000	0.884	0.657
	ERMC2	0.832	0.025	32.964	0.000		

Construct	Item	Std. Factor Loading	S.E.	t	P	CR	AVE
ERMC	ERMC3	0.851	0.024	35.652	0.000	0.884	0.657
	ERMC4	0.777	0.030	25.858	0.000		
MIP	MIP1	0.847	0.031	27.472	0.000	0.800	0.573
	MIP2	0.694	0.040	17.480	0.000		
	MIP3	0.722	0.039	18.721	0.000		
TIP	TIP1	0.703	0.041	16.980	0.000	0.787	0.552
	TIP2	0.755	0.038	20.005	0.000		
	TIP3	0.769	0.037	20.836	0.000		
Second Order							
DMTD	DDMA	0.767	0.043	17.642	0.000	0.853	0.660
	DIC	0.864	0.039	22.359	0.000		
	DLA	0.803	0.044	18.130	0.000		
OIE	MS	0.762	0.040	19.090	0.000	0.899	0.640
	RSS	0.834	0.038	22.087	0.000		
	RWS	0.752	0.044	17.189	0.000		
	OC	0.836	0.037	22.818	0.000		
	OS	0.811	0.041	19.900	0.000		
BIP	MIP	0.852	0.048	17.729	0.000	0.797	0.663
	TIP	0.775	0.050	15.493	0.000		